ACTES NOTARIÉS

SOLUTION

DE

TOUTES LES DIFFICULTÉS [illegible]

QUE PEUT PRÉSENTER LE NOTARIAT

([illegible] alphabétique, avec table de [illegible] mots)

PAR

UN ANCIEN NOTAIRE

PARIS

[illegible], LIBRAIRE, RUE MARENGO, [illegible]

1868

60

ORTHOGRAPHE

DES

ACTES NOTARIÉS

ORTHOGRAPHE

DES

ACTES NOTARIÉS

SOLUTION

DE

TOUTES LES DIFFICULTÉS GRAMMATICALES

QUE PEUT PRÉSENTER LE NOTARIAT

(Classement alphabétique avec table de 249 mots.)

PAR

UN ANCIEN NOTAIRE

LAGNY

IMPRIMERIE A. VARIGAULT

1866

PRÉFACE DE L'AUTEUR

On peut avec raison appliquer aux notaires ce que Boileau a dit des poëtes :

> « Sans la langue, en un mot, l'auteur le plus divin
> « Est toujours, quoi qu'il fasse, un méchant écrivain. »

En effet, il ne suffit pas à un notaire de bien connaître son droit, d'en savoir combiner les divers éléments, d'avoir une saine entente des conventions qu'il est appelé à rédiger. Tous ces mérites ont leur prix ; j'avouerai même qu'ils ont une importance supérieure à toute autre. Mais n'est-il pas vrai aussi que les soins que l'on apporte aux détails d'une œuvre, loin de nuire à la beauté de l'ensemble, ne font qu'en rehausser l'éclat? Et, d'ailleurs, le public, dont on relève toujours dans une large mesure, ne juge-t-il pas, très-souvent, d'après quelque endroit faible, imprudemment négligé?

C'est sous cette impression que j'ai entrepris de réunir en un seul corps la solution de toutes les difficultés grammaticales qui ont éveillé mon attention dans le cours de mes études et de mon exercice de notariat. J'ai été amené naturellement à y joindre certains mots qui sont dans le domaine de la profession, et dont l'orthographe ou la signification exacte peut n'être pas toujours présente à l'esprit de MM. les notaires.

Tel est le plan que je me suis proposé.

Je serai heureux d'avoir, à ce point de vue, fait un travail de quelque utilité.

10 janvier 1866

ORTOGRAPHE

DES

ACTES NOTARIÉS

A.

La préposition *A* doit être répétée devant chaque substantif et chaque verbe à l'infinitif :

« Un héritage tenant *à* Mr Picard et *à* Mr Tartois. »

« Un obstacle *à* la ratification d'une vente et *à* la sécurité de l'acquéreur. »

« Il y aura lieu *à* augmentation ou *à* diminution du prix d'après le résultat de l'arpentage. »

Les droits de Mme * se bornent *à* ses reprises ci-dessus fixéees, soit *à* la somme de 10,000 fr.

« Les vendeurs s'obligent *à* garantir l'acquéreur de tous troubles et *à* lui fournir caution pour le cas où... »

ABSENCE.

Absence est une mauvaise expression dans ce sens : « *En l'absence* d'un contrat de mariage. »

« *A défaut* de contrat de mariage » est l'expression propre.

ACCEPTANT.

Participe présent, — « Mme Fournier, à ce présent et ce *acceptant.* »

A-COMPTE.

» Un *à-compte;* des *à-compte;* des sommes payées *à-compte.* »

ACQUÉREUR.

On écrit : « une femme *acquéreur.* »

« Une femme *acquéreuse* » est un barbarisme.

ACQUÉRIR.

Dites :

« *J'acquiers, il acquiert, nous acquérons, ils acquièrent ; j'acquérais, il acquérait, nous acquérions ; j'acquerrai ; que j'acquière ; acquérant.* »

« Mr Vidal déclare bien connaître ce qu'il *acquiert.*

« Les époux Vidal déclarent bien connaître ce qu'*ils acquièrent.* »

« Un acte qui s'oppose à ce qu'un jugement *acquière* l'autorité de la chose jugée. »

Requérir, se conjugue comme *acquérir* :

« Mr Millot *requiert* inscription à son profit. »

« Les époux Millot *requièrent* inscription à leur profit. »

« Lequel a déclaré que, désirant vendre par adjudication..., il avait fait annoncer... que cette vente aurait lieu... ; et qu'en conséquence, il *requérait* ledit Me de... »

« L'acquéreur paiera le coût de la grosse, si le vendeur la *requiert,* » ou bien « si les vendeurs la *requièrent.* »

« L'acquéreur paiera le coût de la grosse, dans le cas où le vendeur la *requerrait,* » ou bien « dans le cas où les vendeurs la *requerraient.* »

« *Le requérant, les requérants.* »

ACTE (dont).

« *Dont acte, dont quittance, dont décharge,* » sont autant d'expressions indéfinies dont il est fait un fréquent usage dans le notariat.

Les pronoms, étant déterminés par eux-mêmes, ne peuvent pas tenir la place de substantifs qui ne le sont pas.

Ainsi ces phrases sont défectueuses :

« *Dont acte, qui* sera pour le compte de Mr Brunet, »

ou « *dont* les frais seront supportés par Mr Brunet, » ou bien encore « pour l'exécution *duquel* les parties élisent domicile... »

« *Dont quittance,* dans *laquelle* se confondra toute quittance antérieure. » (1)

ACTIONNAIRE.

Celui qui possède des *actions* dans une société ou une entreprise.

ADITION (d'hérédité).

Acceptation d'hérédité. — « Faire acte d'*adition* d'hérédité. »

(1) Rien n'est plus commun que cette faute :

« Suivant *quittance* passée devant Me *, qui *en* a gardé minute, le..., *laquelle* porte cette mention : Enregistré... »

« Il y aura entre les futurs *communauté* de biens, *laquelle* sera régie. »

« Il ne sera employé ici en *masse*, pour ne pas *l'*augmenter fictivement, que la somme de... »

Mr Lemoine reconnaît devoir à Mr Blanchet, la somme de mille francs, pour *prêt que* celui-ci lui a fait. »

« L'acquéreur ne pourra exercer aucune réclamation pour *déficit* dans la mesure, fût-*il* de plus d'un vingtième ; il pourra se libérer par *fractions*, *qui*, toutefois, ne seront pas moindres de 300 fr. »

« *Cour*, *dont* une partie est un jardin. »

Pour s'exprimer correctement, il faut écrire :

« Suivant *une* quittance... »

« ... *une* communauté de biens... »

« ... en *la* masse... »

« ... pour *un* prêt... »

« ... pour *un* déficit dans la mesure...; par *des fractions*... »

« ... *Une* cour, dont... »

Je termine cette longue note par un dernier exemple de cette irrégularité, que je prends dans Voltaire.

« Arrêter un Romain sur de simples soupçons,
« C'est agir en *tyrans*, nous qui *les* punissons. (BRUTUS.)

ADJUDICATION (procès-verbal d').

Lorsqu'une adjudication de divers lots d'immeubles a lieu à la chaleur des feux, par exemple, en cas de vente judiciaire, il y a une superfétation stérile dans la répétition, à raison de chaque lot adjugé, que « tel lot a été crié et mis en vente ; » que, « les feux ayant été allumés, des enchères ont été portées sur ce lot, dont la dernière par Mr (prénoms, nom, profession et demeure), en a élevé le prix à la somme de... ; » que « trois autres bougies, allumées successivement, s'étant éteintes sans aucune nouvelle enchère, le lot dont il s'agit a été adjugé audit sieur *, à ce présent et ce acceptant, lequel etc. »

Il est facile de simplifier tout cela et de le ramener à ce qu'il est réellement utile de dire.

Le notaire, après avoir énoncé qu'il s'est mis en devoir de procéder à l'adjudication, ajoute, d'une manière générale :

« Les prescriptions de l'article (citer cet article) du « cahier de charges, relatives au mode de l'adjudica- « tion, ont été exactement observées, et, par suite, les « biens mis en vente ont été adjugés, savoir :

« Premier lot.

« 1° Le premier lot à Mr (prénoms, nom, profession « et demeure), à ce présent et ce acceptant, moyennant « la somme de... de prix principal, que ledit sieur * s'est

« obligé de payer conformément au cahier de charges, « indépendamment de son exécution.

« Et l'adjudicataire a signé, après lecture. »

(Signature).

« Deuxième lot.

«2°...» (Continuer ainsi l'adjudication des autres lots.)

Cette formule économise au notaire un temps précieux en matière d'adjudication d'immeubles, et lui rend toujours possible la rédaction de son procès-verbal séance tenante.

ADMINISTRATEUR, TRICE.

On dit : « Une veuve *administratrice* de la succession de son mari. »

AGISSANT.

Participe présent. — « Une personne *agissant* au « nom et comme mandataire d'une autre; des syndics « *agissant* au nom d'une faillite. »

AGIT (dont s')

N'écrivez pas :

« *Dont s'agit.* »
« *Dont est question.* »
« *Dont est parlé.* »

Ecrivez :

« *Dont il s'agit.* »
« *Dont il est question.* »
« *Dont il est parlé.* »

AGRÉÉE.

Participe passé féminin du verbe *agréer*.

« Cette proposition ayant été *agréée*, les parties sont convenues de ce qui suit. »

AÏEUL, AÏEULE, AÏEULS.

Ascendants au second degré.

Aïeul et *aïeule* ont la même signification que les mots « *grand-père*, *grand'mère*, » qui ne s'emploient pas en style de droit.

AMENDER.

« Ce que l'on *amende* d'une communauté, d'une succession ; » ce que l'on en retire.

AMIABLEMENT.

Ce terme a vieilli.

On dit : « *à l'amiable.* »

ANNULER.

Rendre nul. — « Annuler un contrat. »

ANTÉNUPTIAL (contrat).

« *Contrat anténuptial.* » — On donne ce nom au contrat qui précède le mariage et en règle les conditions. Voyez *contrat de mariage.*

AOUT.

« *Août.* » Prononcez : « *Oû.* »

APPARTENANT.

Participe présent. — Ce mot est toujours invariable :
« Une forêt *appartenant* à Mr *. »
« Des prés *appartenant* à un hospice. »
Je ne puis adopter l'opinion de Bescher, qui prétend que l'on doit écrire : « Une maison à moi *appartenante,* » parce que le complément « *à moi* » précède le participe. Cette raison n'est pas suffisante pour faire fléchir la règle.

APPERT (il).

« Il *appert* d'un acte. »

APPORTIONNÉ.

« Un héritier *apportionné* en immeubles de ses droits dans une succession. »

ARES (de terre).

Il faut écrire ;

« *Vingt ares* de terre *situés...* »

« *Vingt ares* de terre *située* » serait très-irrégulier.

Cette règle s'appuie sur ce que c'est « *telle mesure* » de terre qui est *située*, et non « *une terre* » de *telle mesure.*

La même règle serait applicable s'il était question : « *d'une parcelle* de pré, d'*un corps* de ferme, d'*un bloc* de marbre, d'*un lot* de ferraille, d'*une somme* d'argent, de *bottes* de foin, de *bouteilles* de vin, etc. »

Dans les divers exemples cités, l'adjectif doit toujours s'accorder avec l'expression qui régit la nature de l'objet.

C'est donc à tort qu'une grammaire qui, du reste, n'est pas sans mérite, enseigne que cette orthographe est régulière :

« Le peu de soupe qu'il a *mangée* l'a rendu malade. »

En effet, quoiqu'il y ait eu de la soupe mangée, il n'y en a pas eu *une;* il n'y en a eu qu'*un peu*, et c'est à cause de cela que le participe *mangé* doit s'accorder avec *peu* et non avec *soupe.*

J'ajoute que l'on écrit par analogie : « *des draps* de toile *usés.* »

L'usure dont il est question est celle survenue à une toile convertie en draps : cette usure n'est pas indépendante de la toile en cet état d'appropriation.

Mais on dirait évidemment : « *un morceau* d'étoffe *verte ; des draps* de toile *bise ; des serviettes* de linge *uni, damassé ;* » parce qu'il s'agit ici d'éléments constitutifs du tissu, en dehors de sa dimension ou de la destination qu'il a reçue.

ARRÊTÉES (conventions).

Il y a, ce me semble, une redondance condamnable dans la clôture d'un contrat de mariage ainsi formulée :

« Telles sont les conventions des parties, *arrêtées* en présence et de l'agrément de... »

« *Dont acte.*

« *Fait et passé* à... »

Puisque les *conventions* des parties ne sont pas autre chose que *l'acte (fait et passé)*, il est plus simple d'écrire :

« Telles sont les conventions des parties.

« *Dont acte.*

« *Fait et passé* à... ;

En présence et de l'agrément... »

ASSEOIR (S').

Verbe irrégulier. — « *Je m'assieds*, *il s'assied ; je m'asseyais, il s'asseyait ; assieds-toi, asseyez-vous.* »

ASSUJETTIR.

Est préférable à *assujétir*.

ATERMOIEMENT.

Accommodement d'un débiteur avec ses créanciers pour les payer à termes.

ATTENANT, TE.

Adjectif. — Contigu. — Une grange *attenante* à une maison d'habitation; des bois *attenants* à une usine; des parcelles de terre *attenantes* à un enclos. »

Ce mot s'applique quelquefois aux personnes; et, dans ce cas, il est invariable :

« Mme Girault connaît la maison de son oncle, car elle loge tout *attenant.* »

AUCUN.

On sait que le mot *aucun* ne se met au pluriel que lorsqu'il accompagne un substantif qui n'a pas de singulier : « *aucuns frais, aucuns dépens, aucuns dommages-intérêts, aucunes offres réelles* (1). »

Je ne connais guère, dans le langage du droit, d'au-

(1) La plupart des écrivains du siècle de Louis XIV ne se faisaient pas scrupule d'enfreindre cette règle :

« Tel que le vieux pasteur des troupeaux de Neptune,
« Protée, à qui le ciel, père de la fortune,
« Ne cache *aucuns secrets*, etc. » (ROUSSEAU.)

« *Aucuns monstres*, par moi domptés jusqu'aujourd'hui,
« Ne m'ont acquis le droit de faillir comme lui. » (RACINE.)

tres substantifs qui exigent qu'*aucun* soit écrit au pluriel.

On dit aussi : « *aucuns deniers comptants.* » Le mot *deniers* ne s'emploie pas au singulier en ce sens.

AUTEUR.

Dans la pratique, « *un auteur* » est celui aux droits duquel on se trouve et de qui on tient les avantages et les obligations attachés à ces droits. C'est ainsi qu'un vendeur est *l'auteur* de son acquéreur.

AUTORISÉE (femme).

Lorsque l'on a énoncé, au commencement d'un acte, qu'une femme stipule avec l'autorisation de son mari, il est parfaitement inutile de répéter, à quelque autre phase de cet acte, qu'elle en est autorisée.

AVEC.

Dites :

« Une maison, avec ses dépendances, *sise* à... »

« La grosse du jugement dont il s'agit, avec l'original « de la signification dudit jugement, *est demeurée ci-* « *annexée,* après la mention d'usage. »

AVOIR EU, AVOIR ÉTÉ.

Ces mots, dont il est rarement fait usage, doivent

pourtant s'employer toutes les fois qu'il est question d'un temps doublement passé.

Ainsi, par exemple, dans une ratification, il convient de dire :

« Lequel,

« Après *avoir eu entendu* la lecture qui lui a été faite par Me * d'un acte... ; »

Ou bien ;

« Lequel,

« Après que lecture lui *a eu été faite* par Me *** d'un acte...; »

« A déclaré approuver... »

Le temps de la lecture de l'acte est antérieur à celui, déjà passé, où cet acte a été approuvé ; et c'est par ce motif que l'époque de cette lecture doit s'exprimer par un temps doublement passé.

Voici un nouvel exemple de l'application de cette règle :

« Le brevet original de cette procuration est demeuré « ci-annexé, après que mention de cette annexe *a eu* « *été faite* dessus par les notaires soussignés. »

AYANT-CAUSE, AYANT-DROIT.

Au pluriel : « des *ayant-cause*, des *ayant-droit.* »

Le participe présent d'un verbe transitif ne prend jamais l'accord lorsqu'il est suivi du complément direct.

BIÈRE.

Signifie également (avec cette orthographe) *cercueil* et *boisson*.

BIEZ.

Canal conduisant les eaux à un moulin.

Écrivez : « *un biez* » et non « *un bief*. »

BOÎTE.

Coffre avec couvercle.

BORDEREAU (d'inscription hypothécaire).

Les bordereaux d'inscriptions hypothécaires, même lorsqu'ils n'offrent aucune complication, laissent, en général, plus ou moins à désirer.

Au lieu de se livrer à des critiques de détail, l'auteur a préféré composer un modèle, qu'il soumet à l'appréciation de ses lecteurs.

MODÈLE DE BORDEREAU D'INSCRIPTION HYPOTHÉCAIRE.

Pour sûreté d'une obligation.

Lorsque l'hypothèque ne se compose que de certains immeubles du mari ou de la communauté, et que la subrogation dans l'effet de l'hypothèque légale de la femme est restreinte à ces mêmes biens.

« Bordereau de créance hypothécaire à inscrire au « bureau des hypothèques de (1).

« Mr (prénoms, nom, profession et demeure).

« Créancier hypothécaire de Mr et Mme * ci-après « nommés, et, en outre, cessionnaire, par préférence à « lad. dame *, et jusqu'à due concurrence, des droits, re- « prises et créances, qu'elle a et pourra avoir à exercer « contre son mari, avec subrogation dans l'effet partiel « de son hypothèque légale contre ledit sieur son mari ; « le tout aux termes de l'obligation qui va être énon- « cée. (2)

« Pour lequel domicile est élu à *, en l'étude de Me * « (qualité), et, pour la correspondance et le renvoi des « pièces, à *, en la demeure dudit sieur * (3).

« Requiert à son profit ;

« 1ent. = Inscription d'hypothèque conventionnelle ;

(1) On peut se dispenser d'indiquer à quel bureau le bordereau sera inscrit ; ce qui importe, c'est qu'il le soit au bureau de la situation des biens.

(2) Ce modèle est fait pour le cas le plus ordinaire, où l'obligation contient à la fois affectation hypothécaire par les deux époux, et transport de reprises par la femme, avec subrogation par elle dans l'effet de son hypothèque légale.

Si le créancier requiert inscription en qualité d'héritier, de légataire ou de cessionnaire, du bénéficiaire primitif de la créance, on mentionne d'abord cette qualité, avec le titre d'où elle résulte (quelquefois la qualité d'héritier n'est pas établie par titre) ; puis on continue ainsi :

« Et, en cette qualité, créancier hypothécaire, etc. » (comme ci-dessus).

(3) Il ne faut pas perdre de vue qu'une élection de domicile doit être faite pour le créancier dans l'arrondissement du bureau où l'inscription est prise.

« Contre M[r] (prénoms, nom, profession), et Mme
« (prénoms, nom), son épouse, demeurants ensemble à *,
« débiteurs solidaires.

« En vertu d'une obligation passée devant M[e] *, qui
« en a la minute, et son collègue, notaires à *, le.., en-
« registrée.

« 2[ent]. — Et inscription d'hypothèque légale;

« Contre ledit sieur * seul;

« En vertu :

« 1° De l'obligation précitée ;

« 2° Et de la loi.

« Et pour sûreté et avoir paiement;

« 1[ent]. — De la somme de..., principal de ladite obli-
« gation, stipulée exigible (1) le..., et productive d'in-
« térêts au taux de cinq pour cent par an, à partir du...,
« payables le... de chaque année; avec convention :

« 1°...
« 2°...
« 3°...
(Indiquer les conditions du prêt, notamment celles qui peuvent modifier l'époque d'exigibilité).

« Ci. . . . . fr. c.

« 2[ent]. — Des intérêts dont la loi conserve
« le rang (2). . . . . (mémoire).

(1) L'époque d'exigibilité de la créance est une énonciation substantielle de la validité de l'inscription.

(2) Le créancier qui réclame sa collocation sur les biens du mari ou de la communauté, du chef de la femme et comme subrogé dans le bénéfice de l'hypothèque légale de celle-ci, après l'accomplissement de l'une ou de l'autre des formalités mentionnées dans l'art. 9 de la loi du 23 mars 1855, n'est pas soumis à la limitation d'intérêts édictée par l'art. 2151 du Code Napoléon pour le cas d'une inscription d'hypothèque conventionnelle.

« 3ent. — Et de... pour frais de mise à exé-
« cution, exigibles à mesure que ces frais seront
« faits (1) ; ci. . . . .

« Total, sans compter l'article pour
« mémoire (2),... francs ; ci. . .

« Sur :

« 1°... } (Désigner les immeubles hypothéqués) (3). »
« 2°... }

MODIFICATIONS.

1. — *Lorsque l'hypothèque comprend un ou plusieurs immeubles propres à la femme.*

Si l'hypothèque comprend un ou plusieurs immeubles propres à la femme, il faut s'exprimer ainsi:

(1) Il est de rigueur de fixer la somme destinée à couvrir les frais de mise à exécution, ainsi que son exigibilité. (Code Napoléon, article 2148, n° 4, *in fine.*)

Les frais dont il est question sont ceux de toute nature que peut légitimement faire un créancier pour le recouvrement de sa créance, et qui ne sont pas payés par privilége sur les valeurs réalisées appartenant à son débiteur.

Si le créancier veut garantir en même temps le coût de l'acte et les frais de l'inscription, il doit, en les évaluant, en faire l'objet d'un article spécial dans le bordereau.

(2) Mettre le total en toutes lettres.

(3) Assez d'auteurs recommandables se sont évertués à définir ce que la loi entend par « *la spécialité* de l'hypothèque. »

Je me bornerai à dire à ce sujet qu'une hypothèque est *spéciale* toutes les fois qu'elle fait connaître : 1° la nature des biens hypothéqués, (je parle de biens présents), même par une expression générique ; 2° et leur situation dans une circonscription déterminée, mais plutôt restreinte qu'étendue.

Cette dernière condition ne serait pas remplie si l'hypothèque était consentie sur des immeubles situés en *France* ou dans tel *département*.

« Sur :

« En ce qui concerne l'inscription de l'hypothèque « conventionnelle :

« 1°... } (Désigner la totalité des immeubles hy-
« 2°... } pothéqués).

« Et en ce qui concerne l'inscription de l'hypothè- « que légale ;

« 1°... } (Extraire et rappeler seulement les im-
« 2°... } meubles propres au mari et de la communauté parmi ceux qui viennent d'être désignés). » (1)

II. — *Lorsque la subrogation dans l'effet de l'hypothèque légale de la femme n'est pas limitée.*

Si la subrogation dans l'effet de l'hypothèque légale de la femme n'est pas limitée, on remplace le mot *partiel*, qui se trouve au commencement du bordereau, par le mot *entier*, et l'on ajoute à ce bordereau (formulé conformément à l'un des deux modes ci-dessus) les biens éventuels que cette subrogation peut atteindre, et que l'on indique comme il suit, en en faisant précéder la relation d'un nouveau numéro d'ordre :

« Et les biens immeubles de toute nature qui pour- « ront appartenir par la suite audit sieur* et à la com-

(1) Il y a nécessité d'établir une distinction entre les biens qui doivent être grevés de l'inscription de l'hypothèque conventionnelle, et ceux que doit frapper l'inscription de l'hypothèque légale, celle-ci ne pouvant exister sur le biens de la femme elle-même.

« munauté d'entre lui et la dame son épouse, à quelque « titre que ce soit, dans l'étendue du bureau des hypo- « thèques de *. »

III. — *Et en cas de renouvellement.*

Il y a lieu, dans ce cas, de terminer le bordereau en ces termes :

« La présente inscription est requise pour valoir tant « à sa date qu'en renouvellement d'une autre prise au « même bureau le..., volume ... n° ... (1). »

BUANDERIE.

Pièce servant à la lessive.

CANE, CANNE

Le premier de ces mots indique la femelle du canard, et le second le bâton sur lequel on s'appuie en marchant.

CAPITAL, PRINCIPAL.

On dit : « le *capital* » d'une rente, soit perpétuelle, soit viagère, et l'on donne à la prestation annuelle le nom d'*arrérages*.

(1) Il est constant qu'une inscription, d'ailleurs régulière, n'a de valeur qu'à sa date, lorsqu'elle n'énonce pas qu'elle est prise en renouvellement d'une précédente.

On dit aussi « le *capital* » d'un fonds social ; mais ce capital produit des ***intérêts***.

On se sert du pluriel « *capitaux* » pour désigner une fortune en numéraire : « un homme riche en *capitaux* (1). » C'est de là que vient l'expression : « un *capitaliste*. »

Le ***principal*** s'applique à une somme due par obligation, à un prix de vente. Il est pour le bénéficiaire la source d'***intérêts***.

CAS (en tous).

Ecrivez : » *en tous cas* » et non « *en tout cas*, » malgré l'opinion contraire assez généralement établie.

CÉDÉ.

« Débiteur *cédé*. » On appelle ainsi un débiteur sur lequel une créance a été transportée.

L'usage a consacré cette expression nécessaire.

CELLIER.

Désigne un lieu, ordinairement voûté, au rez-de-chaussée d'une maison, dans lequel on place les vins et d'autres provisions.

(1) C'est en ce sens qu'on l'oppose à « *biens fonds*, » lorsque l'on écrit : « *Fonds* et *capitaux*. »

CENT.

Voyez *vingt.*

CEUX.

C'est mal à propos que l'on supprime quelquefois *ceux* dans cette phrase : « *Tous ceux* qu'il appartiendra. »

« *Tous* qu'il appartiendra » est vicieux.

CHACUN.

Ne dites pas :

« Dix chaises, prisées sur le pied de trois francs *chaque* (1), trente francs. »

Dites :

« ... Sur le pied de trois francs *chacune*... »

Ne dites pas, non plus :

« Héritiers, *pour chacun* un tiers, de Mr *. »

Dites :

« Héritiers, *chacun pour* un tiers, de Mr *. »

CHALE.

« *Châle.* » Grand fichu, en cachemire, en soie ou en coton.

(1) Cela est fondé sur ce que *chaque* ne peut qu'être joint à un substantif.

CHAQUE.

Voyez *chacun.*

CHIROGRAPHAIRE.

« Créancier *chirographaire; dette chirographaire.* » Prononcez *kirographaire.*

CLÉ.

Écrivez : « *une clé* » et non « *une clef.* »

CLIENTÈLE.

Achalandage. — L'usage a substitué *clientèle* à *clientelle.*

CLORE.

Fermer. — « *Clore* un champ; l'acquéreur *clôra* sa pièce de terre, il se *clôra*; les acquéreurs clôront leur pièce de terre, ils se *clôront*; pré *clos;* propriété *close.* »

CLOS, ENCLOS, PARC.

Un clos et *un enclos* ont ce point de ressemblance qu'ils signifient l'un et l'autre toute propriété close; mais *le clos* est spécialement affecté à la culture et à certaine nature de produits.

Un parc est un terrain clos, planté d'arbres, et destiné exclusivement à la promenade et aux plaisirs de la chasse.

CODICILLE.

Disposition additionnelle à un testament, sujette aux mêmes formalités.

COMPARANTS (les).

Malgré l'habitude où l'on est, dans le notariat de Paris, de ne considérer comme *comparants* dans un acte que les individus dont les noms y figurent directement après la mention : *ont comparu,* (tels que les vendeurs, donateurs, etc.) ; il faut pourtant reconnaître que l'expression *comparants* est générique, et qu'elle embrasse à la fois tous ceux qui y concourent en personnes, à quelque titre que ce soit : « l'acquéreur, les maris qui ne font qu'autoriser leurs femmes, les intervenants, etc. »

Il est donc très-correct de dire à la fin de l'acte, en faisant de cette expression l'application générale que je viens d'indiquer :

« Et *les comparants* ont signé... »

COMPARU (a, ont).

Dites : « *a comparu, ont comparu,* » et non : « *est comparu, sont comparus.* »

COMPÉTANT.

Participe présent. — « L'hypothèque légale *compétant* à Mme * contre son mari. »

Ce participe est peu en usage.

COMPLÉMENT.

Il ne faut pas faire suivre du même complément (direct ou indirect) des expressions qui exigent des compléments différents.

C'est pourquoi toutes ces phrases sont défectueuses :

« Mr David *à ce* présent et acceptant. »

« Mme Boulanger se réserve d'accepter ou de renoncer *à la* communauté qui a existé entre elle et le feu sieur son mari. »

« Le bailleur fera enlever les arbres plantés sur et autour *des* biens affermés. »

« Les adjudicataires paieront en sus et proportionnellement *à* leurs prix. »

« Ledit acte sera enregistré avant ou en même temps *que* ces présentes (1). »

COMPLÉTER.

Rendre complet. — Le verbe compléter à la diffé-

(1) Dans ce dernier exemple, on remplace *en même temps* par *avec*.

rence de ceux en *eter* (tels que *projeter*), ne prend pas deux *t* devant un *e* muet.

Ainsi l'on dit : « il (» ou « elle) *complète ;* ils (« ou « elles) *complètent.* »

COMPTER.

J'ai deux observations à faire sur ce verbe.

Première observation. — Je n'aime pas que, dans la clôture d'une séance d'inventaire, il soit énoncé que le gardien des objets inventoriés s'en charge pour en faire la représentation « ou *en compter.*» Ces derniers mots laissent entendre que le gardien est libre de disposer de ces objets, à la seule condition de rendre compte de leur valeur; ce qui, en principe, est contraire à la mission du gardien, judiciaire ou volontaire.

Deuxième observation. — « La somme de 2,000 fr. payable en cinq années *à compter du...* »

« Le prix d'un bail payable chaque année *à compter du...* »

Ces phrases sont équivoques, lorsque rien, d'ailleurs, n'en vient déterminer le sens d'une manière positive. « *A compter du...* » semble indiquer plutôt l'époque du premier paiement à faire, que celle formant le point de départ de l'année à l'expiration de laquelle ce premier paiement devra avoir lieu.

Pour dissiper toute obscurité, il suffirait de dire :

« La somme de 2,000 fr. payable en cinq années, dont la première écherra le... »

« Le prix du bail payable le...· de chaque année, le premier paiement devant s'effectuer le... »

CONCURRENCE (entre les notaires) (1).

La question de concurrence entre les notaires est des plus délicates.

Autrefois, il faut bien le reconnaître, cette question n'en était pas une, car les notaires ne prêtaient leur ministère que lorsqu'ils en étaient réellement requis, conformément au vœu de leur institution.

Le cours du temps a changé cela. Aujourd'hui, les notaires, dans un grand nombre de localités, n'attendent plus la clientèle ; ils vont au-devant d'elle. Tout dépend de la manière d'être habile.

Ici, c'est un notaire qui prend ses dispositions pour que des agents, soit parents, soit amis, tous salariés en numéraire ou autrement, lui préparent des affaires, qu'il n'a plus qu'à réaliser à un moment donné.

Là, ce sont d'autres combinaisons non moins répréhensibles (2).

(1) L'article en question est une dérogation au titre de ce travail.

(2) Les notaires ont droit à une indemnité de voyage lorsqu'ils se transportent, pour exercer leur ministère, à certaine distance de leur résidence.

D'après l'esprit de la loi, ils ne devraient, en aucun cas, faire remise de cette allocation.

Eh bien, malgré cela, j'ai vu constamment les notaires habitués à instrumenter à une distance impliquant indemnité, et au centre de la résidence de leurs confrères, se créer la réputation de rédiger, à meilleur compte que ceux-ci, les actes qu'ils détournaient à leur préjudice.

Le notaire feint d'éviter le transport à jours fixes; il se faufile. Il va, au besoin, demander un renseignement à un confrère dont il usurpe la résidence, en s'arrangeant de manière à ce que ce ne soit pas le même jour de semaine où celui-ci l'a rencontré tout récemment sur son terrain. Le plus souvent, sa mésintelligence avec ce confrère l'oblige à se priver, dans la rédaction des actes qu'il lui soustrait, de renseignements très-importants dont ce dernier est dépositaire.

Lancé dans cette voie, ce fonctionnaire devient ainsi plein de ruses et de détours.

Joignez à cela qu'il est flatteur, empressé, obséquieux, pour les gens qu'il connait à peine et dont il cherche à captiver la confiance; ce qui lui fait une situation exclusive de l'ascendant qui lui est nécessaire pour les ramener, au besoin, dans la voie de la légalité et de la probité.

De là, les haines, les perturbations, dans le notariat; de là, le discrédit sur une profession qui devrait être à l'abri du soupçon !

J'ai connu des notaires que l'on était sûr de rencontrer un peu partout, et pourtant moins chez eux qu'ailleurs, parce qu'ils ne rentraient qu'après la journée faite.

Quelques tribunaux ont sévi; mais que résulte-t-il de quelques condamnations isolées, si désagréables à provoquer, si difficiles à obtenir, à côté d'un mal profond et permanent?

Il y a quelques années, il a été fait au Sénat un rapport sur une pétition qui avait pour but de remédier à cet état de choses. Le pétitionnaire demandait que les notaires ne pussent recevoir hors de leurs études aucun acte autre que ceux qu'il désignait nominativement (tels que les inventaires), si ce n'est pour cause de maladie des contractants ou de l'un d'eux, et à la condition d'énoncer le motif du déplacement. Cette pétition n'a pas eu de suite.

Peut-être conviendrait-il que le gouvernement étudiât sérieusement la question. Elle est digne de toute son attention.

CONCURRENT.

« Lutter contre *concurrents ;* une somme *concurrente* (égale); exciper de droits *concurrents* (rivaux) de ceux d'un créancier. »

CONFIRMER, INFIRMER, CASSER.

Ces trois expressions appartiennent au style judiciaire.

Les tribunaux appelés à statuer sur le fond des procès déjà jugés en premier ressort *confirment* ou *infirment* les décisions rendues par les juges qui leur sont inférieurs.

La Cour de cassation, seule, dont la mission consiste à n'apprécier qu'au point de vue du droit les décisions qui ne sont pas susceptibles d'être réformées par les juges du fait, *rejette les pourvois* ou *casse*, selon qu'il y a lieu.

CONJOINTEMENT.

On sait que ce mot n'implique pas l'idée de *solidarité*.

CONSISTANT.

Participe présent. — « Une ferme *consistant* en bâtiments, prés et terres; des droits *consistant* en créances sur particuliers. »

Toutefois, on dit d'une propriété de mince étendue : « une propriété peu *consistante*. »

CONSTITUER (se), RÉSERVER (se).

Je cite ces deux verbes pronominaux pour rappeler que le participe passé des verbes de cette nature s'accorde avec le complément direct toutes les fois qu'il en est précédé, et qu'il demeure invariable lorsqu'il en est suivi.

C'est l'application de la règle à laquelle est soumis le participe passé d'un verbe transitif conjugué avec avoir.

« Mlle Gilbert s'est *constitué* une dot qui consiste dans... »

« La dot que Mlle Gilbert s'est *constituée*, consiste dans... »

« Les donateurs se sont *réservé* les récoltes des biens donnés. »

« Les récoltes que les donateurs se sont *réservées.* »

CONTRAT (de mariage).

Voyez *mariage.*

CORPS (séparée de).

Une femme séparée de *corps* l'est nécessairement de *biens*. (Code Napoléon, art. 311).

Je n'admets donc pas qu'on dise : Une femme séparée de *corps* et de *biens,* » à moins que l'on n'ajoute, en ce qui touche la séparation de biens, que c'est par voie de conséquence.

CORRESPONDANT.

« Avoir des *correspondants* en province ; se faire attribuer une créance *correspondante* » ou « des immeubles *correspondants* à son émolument. »

Dans la première acception, ce mot est substantif ; dans la seconde, il est adjectif.

COTE.

Lorsque l'on cote les pièces constatées dans un inventaire, au lieu d'écrire sur chaque pièce :

« *Telle* pièce de la cote *tant* ; »

Il est beaucoup mieux de s'exprimer ainsi :

« Cote *tant ;*

« *Telle* pièce. »

Cette manière de procéder est seule conforme à la raison, parceque, à ce moyen, la cote tient le rang principal qui lui appartient, et que la pièce ne vient, comme cela doit être, qu'en sous-ordre. Ce qui intéresse, avant tout, c'est la cote, dont chaque pièce n'est qu'une dépendance. (1)

Cette observation me conduit à condamner le système de ceux qui, dans la suscription d'une lettre, mentionnent, avant la rue, son numéro.

Une bonne méthode ne coûte pas plus à retenir qu'une mauvaise ; et elle rend le travail régulier et plus intelligible.

COUPURE (de mots).

Il est permis, dans les actes notariés, de couper en deux parties, égales ou inégales, un mot qui ne peut pas être placé en entier sur la même ligne.

Il convient d'éviter de faire cette coupure à des noms propres, comme aussi de rejeter à une autre ligne une syllabe seule d'un mot commencé à la ligne précédente.

(1) Écrivez, par analogie :
« Les an, mois, jour et heure, susdits. »

COURANT.

« Les intérêts *courants* d'une obligation; des intérêts *courant* à compter du... »

CRÉÉE.

Participe passé féminin du verbe créer.

« Une rente *créée* par acte passé devant Me *, notaire à... »

CRIÉES.

« Audience des *criées.* »

On nomme ainsi l'audience d'un tribunal civil à laquelle se font les ventes d'immeubles ordonnées par justice.

CUJUS (de)

On ajoute communément ces mots dans les opérations d'inventaire, de partage et autres, au nom de la personne déjà désignée, dont le décès donne lieu à ces opérations.

CURATEUR, TRICE.

« Un homme *curateur*, une femme *curatrice.* »

DE.

Il est nécessaire de répéter cette préposition devant chaque substantif et chaque verbe à l'infinitif.

« Un héritage provenant *de* M^r et *de* Mme Langlois. »

« Mr Tardif, agissant au nom et comme mandataire *de* Mr Nantet et *de* Mme veuve Bertrand. »

« Les vendeurs déclarent n'être tuteurs *de* mineurs ni *d'*interdits. »

« Les droits *de* Mme* se composent *de* ses reprises ci-dessus fixées, soit *de* la somme de 10,000 fr. »

« Une enquête à l'effet *de* constater et *de* déterminer... »

« Les vendeurs seront tenus *de* garantir l'acquéreur et *de* lui fournir caution pour le cas où... »

Remarquez à quelle bizarre équivoque donnerait lieu, dans le troisième exemple ci-dessus, la suppression du *d'*. Il resterait :

« Les vendeurs déclarent n'être tuteurs *de* mineurs ni *interdits ! !* »

Il y a une exception à la règle que je viens d'indiquer, c'est lorsque la préposition *de* est suivie de substantifs accumulés, comme dans cet exemple :

« Une ferme composée *de* bâtiments, prés, terres, vignes, bois et bruyères. »

Ici, le sens est clair, et la répétition de la préposition devant chaque substantif serait oiseuse.

DEMEURANT.

Une pratique presque générale fait de ce mot un participe présent. Cependant, je n'hésite pas à penser, avec Bescher, que c'est un adjectif.

« Mme Vernois *demeurante* à Paris ; M[r] et Mme Perrier *demeurants* à Melun. »

Il ne faut pas moins faire accorder *demeurant* avec son sujet, lorsque l'on indique une précédente demeure :

« Mme Vernois *demeurante* à Paris, et ci-devant à Pontoise. »

Cet exemple n'est pas le même que celui-ci, emprunté à Bescher :

« Une personne *demeurant* l'hiver à Paris et l'été à la campagne. »

Dans le premier cas, le déplacement est accidentel ; il n'empêche pas la permanence de la demeure.

Dans le second, au contraire, il est périodique ; le temps de la demeure en chaque endroit est prévu et intentionnellement limité.

C'est ce qui explique et justifie la différence dans la manière d'écrire. (1)

DÉPENDANT, TE.

Adjectif. — « Une grange *dépendante* d'une maison d'habitation ; des immeubles *dépendants* d'une communauté » ou « d'une succession. »

DÉRIVANT.

Participe présent. — « L'action résolutoire *dérivant*

(1) Bescher lui-même nous donne souvent dans son ouvrage des exemples de ces nuances. Il n'entre pas dans mon projet de me livrer à une digression sur ce point.

d'un privilége régulièrement conservé; des droits *dérivant* d'un titre commun; des eaux *dérivant* d'un étang. »

DESCRIPTION (d'objets mobiliers).

Lorsque, au cours d'un inventaire, on termine la prisée d'objets mobiliers trouvés dans une armoire (ou tout autre meuble), il faut avoir soin de mettre à la fin de la description, si l'opération est continuée dans la même pièce de la maison :

« Tels sont les objets trouvés dans ladite armoire (ou tout autre meuble). »

En procédant autrement, on se jette dans une grande confusion, en ce que les nouveaux objets que l'on décrit après ceux du meuble en question sont encore censés y avoir été trouvés, et que l'on peut arriver, de cette façon, à constater l'existence d'un lit dans une commode, de fauteuils dans un placard, etc.

DEUXIÈME.

Voyez *second.*

DISTANT, TE.

Adjectif. — « Une pièce de terre *distante* d'un kilomètre du principal corps de ferme; des héritages peu *distants* les uns des autres. »

DISTRACTIONNAIRE.

Est d'usage en ce sens :

« Un avoué *distractionnaire* de dépens dans une instance. »

DIT, DITE.

Le mot *dit* est indispensable dans les actes, et il est probable qu'il y restera encore longtemps.

C'est un de ces mots parasites dont on doit éviter l'emploi trop fréquent, parce que l'abus qui en est fait rend le style traînant. C'est une bonne raison pour y substituer le mot *appelé* toutes les fois qu'on le peut impunément. Ainsi, dans l'indication de la situation d'un héritage, il est mieux de dire : « sis au lieu *appelé*... » que « sis au lieu *dit*... » Ceci me fournit l'occasion de faire remarquer que les notaires qui écrivent en abrégé le mot *dit*, dans le dernier cas, au moyen d'un *d.*, commettent une contravention, puisqu'il n'est toléré dans cette forme que lorsqu'il se rattache à des personnes ou à des choses dont il a déjà été parlé ; ce qui n'est pas l'espèce.

DOMAINE.

Propriété foncière de certaine étendue, composée de bâtiments d'habitation et d'exploitation, terres, bois, etc., et pouvant comprendre une ou plusieurs fermes.

Le mot *terre* a la même signification.

DONATION (entre époux).

L'expédition d'un testament authentique peut être délivrée au testateur de son vivant, et, dès lors, avant l'enregistrement de la minute.

Cette faculté étant une dérogation au droit commun, il est utile de constater à la fin de l'expédition l'époque de la délivrance.

Cette observation est applicable aux donations entre époux.

Lorsque le notaire délivre l'expédition d'un acte de cette nature, la mention de cette délivrance se rédige en ces termes :

« L'an..., le..., la présente expédition a été délivrée « en cette forme à Mr *, donateur, sur sa demande, avec « avertissement audit sieur* que la minute devra être « enregistrée dans les trois mois de son décès, par ap- « plication de l'article 21 de la loi du 22 frimaire an « VII (1). »

DROITE (à), GAUCHE (à).

DROITE (rive), GAUCHE (rive).

La fenêtre *à droite* de la porte d'une maison est celle *à la droite* d'une personne *qui sort*, et la fenêtre *à gauche* est celle *à la gauche* de la même personne.

(1) On comprend qu'il y aurait un léger changement à faire, si l'expédition était délivrée à la donatrice.

Par une sorte d'analogie, la *rive droite* d'une rivière est celle *à la droite* d'une personne qui regarde le courant au-dessous d'elle, et la *rive gauche* est celle *à la gauche* de la même personne.

DU, DUE.

« *Dû, due.* » Participe passé du verbe *devoir.*
« Un prix *dû*, une somme *due*, des sommes *dues.* »

DUMENT.

« *Dûment.* » En due forme.

ÉCHANGE, CONTR'ÉCHANGE.

Après avoir annoncé, au début d'un échange, que les comparants vont faire un contrat de cette nature, ce qui a lieu en ces termes : « Lesquels ont, par ces présentes, fait entr'eux l'*échange* qui suit ; » la plupart des notaires ajoutent, presque immédiatement, qu'une partie abandonne, à titre d'*échange* (1), à l'autre partie tel immeuble, et que celle-ci lui abandonne, en *contr'échange*, te autre immeuble.

Il y a visiblement, dans ce langage, redondance d'expressions synonymes.

Pourquoi, après cette donnée qu'il s'agit « d'un *échange*, » ne pas se contenter de dire qu'une partie fait

(1) Il est bien entendu, d'ailleurs, que « *en échange* » ne saurait remplacer en cet endroit « à titre d'échange, » puisque la partie qui abandonne n'a encore rien reçu.

tel abandon à l'autre, et que celle-ci lui fait, en échange, tel autre abandon ?

ÉCHOIR.

Verbe irrégulier.

« Si ce lot m'*échoit ;* si ces immeubles m'*échoient ;* selon que tel lot *écherra...* »

On dit, en style de notariat, comme en style de procédure : « *Le cas échéant, s'il y échet ;* » pour : « *si ce cas arrive, s'il y a lieu.* »

ENCLOS.

Voyez *clos.*

ENTENDEMENT.

Voyez *esprit.*

EN-TÊTE (de lettre).

Substantif masculin. — « Un *en-tête,* des *en-tête.* »

ERRONÉ.

Adjectif. — Qui contient des erreurs.

ÈS.

Ce mot, signifiant « *dans les,* » exige toujours que le substantif qui le suit soit mis au pluriel : « *ès nom* » n'est donc pas français.

3.

De plus, « *ès noms,* » sans autre addition, est incomplet, en ce qu'il signifie seulement « *dans les noms.* » Il faut écrire : « *ès dits noms,* » ou bien : « *ès noms qu'ils* (ou *qu'elles*) *agissent.* »

ESPRIT, MÉMOIRE, JUGEMENT, ENTENDEMENT.

Ces quatre expressions sont insérées chaque jour par MM. les notaires dans les testaments authentiques qu'ils rédigent ; et pourtant elles sont souvent bien loin de la vérité.

Pour mon compte, je n'en adopterais aucune.

A quoi bon ? Quel est le notaire qui pourrait justifier ce qu'il avance en pareil cas ? Est-il donc si facile de trouver un testateur qui réunisse tant de qualités : « *esprit, mémoire, jugement, entendement ?* » Est-ce que l'on ne pourrait pas faire son testament sans les posséder toutes ? Et, si le notaire en avait omis une seule, le testateur aurait-il moins de mérite qu'un autre qui en aurait été gratifié tout au long ? En vérité, cette formule n'est pas sérieuse (1).

Tout homme qui n'est pas interdit est réputé apte à tester, quelle que soit, d'ailleurs, la trempe de son esprit, son organisation mentale offrît-elle des singula-

(1) Je ne parle pas de « *la manifestation claire et précise* de ses volontés » de la part du même testateur.

Pourquoi ne pas dire tout de suite qu'il s'est exprimé comme un *académicien ?*

rités très-caractérisées. (1) Lorsqu'un notaire est appelé à rédiger un testament dans des conditions qui lui suggèrent quelques doutes, il lui suffit d'être convaincu que sa validité doive sortir victorieuse de l'épreuve à laquelle elle pourrait être soumise. S'il s'abstenait par un scrupule exagéré, il manquerait à une obligation essentielle de son ministère ; car, quoi qu'on en puisse dire, c'est un plus grand mal de laisser mourir *ab intestat* celui qui a eu le droit et le désir de tester, que de voir annuler un testament pour insuffisance de sanité d'esprit.

En émettant cette opinion, qui me paraît la seule rationnelle, j'ajoute que le notaire sort du rôle qui lui est prescrit, quand il orne (2) l'état mental de son client, et réfute ainsi par avance les objections que les parties intéressées peuvent faire contre cet état mental, qu'il n'appartient à personne de composer à son gré, qu'il faut, en un mot, laisser tel quel. S'il survient une contestation, le pouvoir judiciaire est là, qui, seul, en définitive, a mission d'apprécier d'une manière efficace et souveraine.

ESTAMPILLE.

Substantif féminin. — Sorte de timbre qui s'applique sur des brevets de pensions, inscriptions de rentes, etc.

(1) Les tribunaux en ont fait, dans ces derniers temps, des applications remarquables.

(2) J'admettrais, tout au plus, que le notaire énonçât très-brièvement que le testateur a paru dans des conditions mentales qui lui permettaient de tester; ce que, du reste, laisse assez supposer la confection même du testament.

ET.

Il faut éviter de mettre la conjonction *et* à la place de *ni* dans cette phrase :

« Il n'y a lieu à aucune réclamation (» ou « à aucune soulte) de part *ni* d'autre. »

— Dans la phrase qui suit, elle produit une équivoque :

« Suivant acte passé devant M^e^ *, notaire..., le..., enregistré *et* transcrit au bureau des hypothèques de..., le..., volume..., n°... »

Pour faire disparaître cette irrégularité, on peut écrire *puis* à la place de *et*.

Suivant acte passé devant M^e^ *, notaire..., le..., enregistré, *puis* transcrit... »

— Enfin, voici des exemples où cette conjonction serait déplacée « *vingt-un; trente-cinq.* »

« *Vingt et un, trente et cinq,* » accusent un style flasque et de mauvais goût.

A plus forte raison, l'emploi en est-il vicieux lorsque l'on dit : « *l'an mil-huit cent-soixante, et le dix juillet.* »

Voyez *trait d'union.*

ÉTAT CIVIL.

Il n'est pas indifférent d'indiquer dans un ordre régulier les prénoms, nom, profession et demeure d'une dame veuve :

« Mme Louise Bonhomme, veuve de Mr Antoine Bertin, M[de] de dentelles, demeurant à Rouen. »

Si l'on transporte le nom du mari après la profession ou la demeure, on scinde à tort l'élément principal des qualités, le signe le plus caractéristique de l'état civil.

ÉTUDE.

Au lieu de se contenter de dire lors de la clôture d'un acte :

« Fait et passé à..., *en l'étude ;* »

Il est peut-être mieux d'écrire : «.., *en l'étude du d. Me *.* »

Cette observation est fondée sur ce que l'énonciation un peu vague « *en l'étude* » ne se rattache pas nécessairement à celle du notaire instrumentant.

Si l'acte débutait ainsi : « Devant *nous...* » et portait ensuite : « Fait et passé à..., *en notre étude ;* » il n'y aurait assurément rien à reprendre.

EXCÉDANT.

Ce qui excède. — « *Un excédant* de somme, de contenance ; *des excédants.* »

EXCEPTER, RETENIR NI RÉSERVER.

J'ai vu des notaires accoler ces trois infinitifs dans un contrat de vente. Les mots : « *excepter ni retenir* » suffisent.

EXPRÈS (VENU).

« *Venu exprès.* » — Cette expression, qu'on trouve régulièrement dans le préambule des testaments authentiques dressés dans le cabinet du notaire, devrait être rejetée comme parasite et indigne de figurer en cet endroit. On peut raisonnablement supposer que celui qui fait recevoir son testament par un notaire, dans le cabinet de ce fonctionnaire, y vient exprès pour cela.

Il n'y a pas de différence à cet égard entre le testament et les autres actes.

EXISTANT, TE ; SUBSISTANT, TE.

Adjectifs. — « Une communauté légale *existante* entre époux ; des arbres *existants* sur une pièce de terre ; une inscription toujours *subsistante.* »

FAÏENCE.

Terme de vaisselle.

FAIRE.

On doit écrire, conformément à la nouvelle orthothographe :

« *Nous fesons, je fesais, fesant ; bienfesant, malfesant, satisfesant ; bienfesance ; fesances, menues fesances.* »

FAUX.

Instrument pour faucher. — Dites : « une *faux* » et non « une *faulx* » qui est une expression surannée.

FER-BLANC.

Tôle mince recouverte d'une couche d'étain.

FERMANT, TE.

Adjectif. — « Une porte *fermante*, *fermante* à clé. »

FERME.

Exploitation rurale affermée.

FEU, E.

Il ne faut pas oublier que *feu* ne s'accorde avec le substantif devant lequel il est placé, que lorsqu'il n'en est pas séparé par l'un des articles *le*, *la*, ou l'un des adjectifs possessifs, *mon*, *ma*, *son*, *sa*.

« Mr Richard seul héritier de *feue* Melle » ou « de la *feue* Delle Marguerite Richard, sa tante. »

« Mr Richard seul héritier de *feu* la Delle Marguerite Richard, sa tante. »

Feu ne s'emploie pas au pluriel.

FORME.

Certains notaires énoncent dans toute donation entre époux qu'ils rédigent qu'elle est faite « *dans la meilleure forme qu'une donation puisse se faire et avoir lieu.* »

Cette phrase ne signifie rien par elle-même.

Ce n'est que par l'accomplissement rigoureux des formalités que la loi a prescrites pour cette sorte d'actes que la donation sera faite « *dans la meilleure forme.* »

FORT, FORTE, FORTS.

Un homme se fait *fort ;* une femme se fait *forte ;* plusieurs individus se font *forts* (1).

Ce n'est qu'à défaut de se rendre compte de la signification de ce mot que la plupart des notaires le croient invariable.

FOURNIL.

Pièce destinée, dans les campagnes, à la fabrication et à la cuisson du pain, ainsi qu'à la lessive.

GÉNÉRATIF, IVE.

On dit : « un prix *génératif*, *productif* d'intérêts; une somme *générative*, *productive* d'intérêts. »

Productible en ce sens n'est pas français.

(1) Par conséquent on écrit qu'une femme s'est *faite forte ;* que des individus se sont *faits forts.*

GISANT, TE.

Appliqué aux choses inanimées, ce mot est adjectif :

« Des bois coupés, *gisants* sur un terrain. »

HACHE.

« *Hache.* » « Une pièce de terre formant *hache* saillante d'un côté et *hache* rentrante d'un autre. »

HALAGE.

Chemin de *halage*.

HOC (AD).

Les mots *ad hoc* sont ajoutés aux fonctions de *tuteur*, de *subrogé-tuteur*, *de curateur*, toutes les fois que les personnes qui en sont revêtues ne les exercent que temporairement et dans une circonstance donnée, pour cause d'empêchement ou d'incapacité relative des titulaires de ces fonctions.

Du reste, ces personnes n'engagent leur responsabilité qu'à raison de la mission spéciale dont elles sont chargées.

ICELUI, ICELLE, ICEUX, ICELLES.

Ces pronoms démonstratifs on un peu vieilli dans le langage du droit.

On trouve pourtant l'occasion de les employer à propos, et les tribunaux supérieurs eux-mêmes ne dédaignent pas de s'en servir.

INCLUS.

Voyez joint.

INDIVIS, INDIVISE.

Ce qui n'est pas partagé. — « Héritage *indivis ;* succession *indivise ;* posséder *par indivis.* »

Lorsqu'on rédige le contrat de la vente d'une propriété indivise, il convient, pour éviter toute équivoque, d'indiquer clairement ce qui fait l'objet de cette vente.

Par exemple, on peut s'exprimer en ces termes :

« Mr * vend à Mr * le tiers (ou toute autre portion) lui appartenant indivisément avec l'acquéreur (ou autre), propriétaire des deux autres tiers (ou de toute autre portion), dans une propriété... »

INSTRUMENTAIRES (TÉMOINS).

Il n'est utile d'ajouter cet adjectif au mot *témoins* que dans les actes où il se rencontre des témoins identitaires et dans les contrats de mariage. (Les contrats de mariage admettent habituellement la présence de témoins honoraires).

Hors de là, *témoins* suffit.

INTÉRÊTS, ARRÉRAGES.

Voyez, *capital, principal.*

INTERLIGNE.

Substantif masculin. — Espace entre deux lignes.

INTERPELLER.

Le verbe *interpeller* ne doit pas être confondu avec ceux en *eler* (comme *appeler, renouveler*), dont *l* ne se double que devant un *e* muet.

Ce verbe exige toujours deux *l*.

INTESTAT (AB).

Prononcez : « *ab intesta.* »

Mr Chardon est décédé *ab intestat,* » c'est-à-dire « sans avoir testé. »

« Une succession *ab intestat* » est celle d'une personne décédée dans les mêmes conditions.

« Héritier *ab intestat* » s'applique à l'héritier de cette personne. Il en est plus rarement fait usage.

IRRÉVOCABLE.

C'est bien à tort que l'on qualifie quelquefois d'*irrévocable* une donation faite entre époux pendant le mariage, puisque l'article 1096 du Code Napoléon attribue à un acte de cette nature un caractère essentiellement révocable.

JOINT (CI-), INCLUS (CI-).

Dites, au commencement d'une phrase, sans accord :

« *Ci-joint, ci-inclus, tant de pièces,* que je vous prie de faire remettre... »

C'est comme s'il y avait : « Il est joint ici, il est inclus ici, *tant de pièces,* que je vous prie de faire remettre... »

On dit aussi :

« *Reçu* telle somme.

« *Employé* deux feuilles de timbre à tel acte. »

« *Fait* grosse en six rôles. »

« *Vu* tels articles du code Napoléon. »

Au contraire, il faut écrire avec accord :

« Je vous adresse, *ci-jointes, ci-incluses, tant de pièces.* »

« Vous trouverez, *ci-jointes, ci-incluses* (1), *tant de pièces.* »

De même que :

« Je vous adresse *tant de pièces ci-jointes, ci-incluses.* »

« Vous trouverez *tant de pièces ci-jointes, ci-incluses.* »

JOUISSANT.

Participe présent. — « Une personne *jouissant* de

(1) Il n'est pas douteux que, dans cet exemple et le précédent, on doit faire accorder les adjectifs *joint, inclus,* avec le nombre de pièces auquel ils se rapportent ; car, bien qu'ils précèdent ce nombre, ils n'en subissent pas moins la loi.

On dirait pareillement :

« Je vous adresse, un peu *altérées* par la maladie régnante, *quelques grappes de raisin* que j'ai cueillies à votre intention. »

« Vous trouverez, *rongée* par le temps, *la pierre* qui couvre le cercueil de votre ami. »

ses droits civils ; des fermiers *jouissant* du droit de chasse. »

JUGEMENT.

Voyez *esprit*.

LE, LA, LES; AU, A LA, AUX.

Dans le langage du notariat, au lieu de répéter les articles *le*, *la*, devant chaque substantif singulier, on les remplace souvent par l'article *les* que l'on met devant le premier substantif, comme dans cet exemple :

« *Les* père et mère du futur, » pour « *le* père et *la* mère du futur. »

Il en est de même de *au*, *à la*, que l'on remplace par *aux* :

« Donner quittance *aux* père et mère de la future, » pour « *au* père et *à la* mère de la future. »

« Procéder *aux* liquidation et partage d'une succession, » pour « *à la* liquidation et *au* partage d'une succession. »

Souvent on s'abstient, au moyen d'une ellipse, de répéter les articles *les*, *aux*, devant chaque substantif pluriel.

« Les parents et amis du futur, » pour « *les* parents et *les* amis du futur. »

« *Aux* créanciers et légataires de la succession, » « pour *aux* créanciers et *aux* légataires de la succession. »

LEGS.

Prononcez : *lè*.

LONGUEUR.

Dites : « Deux mètres de *longueur*, de *largeur* ; » et non « de *long*, de *large*. »

Ne dit-on pas : « Deux mètres de *profondeur*, de *superficie* ? »

Mr.

Mr est préférable à *M.* pour exprimer *Monsieur*, en ce qu'il est plus caractéristique.

On écrit : « *Melle* » pour « *Mademoiselle*, » *Mme* « pour « *Madame*. » Pourquoi, dès lors, ne pas écrire : « *Mr* » pour « *Monsieur* ? »

L'abrégé de *Messieurs* est : *MM*. »

Voyez *maître* et *sieur*.

MAÇON.

J'avoue que j'ignore complètement sur quoi se fonde l'habitude de prononcer : « *mâçon*. »

> Soyez plutôt *maçon*, si c'est votre talent.
> (*Art poétique.*)

MAIN-LEVÉE.

« Une *main-levée*, des *mains-levées*. »

MAÎTRE (Me).

Maître (*Me*) s'applique *aux notaires*, *avocats*, *avoués*, *greffiers*, *commis-greffiers*, *agréés* et *commissaires-priseurs*. (1).

Monsieur (*Mr*) s'applique aux *présidents*, *conseillers* et *juges des tribunaux*; aux *procureurs-généraux*, *avocats-généraux*, *procureurs-impériaux* et *substituts*; aux *magistrats* de *l'ordre administratif*; aux *huissiers*; aux *conservateurs des hypothèques* et aux *receveurs de l'enregistrement*; aux *agents de change*, aux *syndics de faillites*, aux *arbitres et* aux *experts*. Le plus ordinairement, dans la pratique, on se contente d'appeler par leurs noms, sans les faire précéder de ce titre de politesse, les *receveurs d'enregistrement*, les *huissiers*; et *les conservateurs* des hypothèques ne s'annoncent que par leur qualité.

Du reste, toute personne qui agit en dehors de ses fonctions, et sans que la cause qui la fait agir en soit une conséquence directe, doit être appelée : « *Monsieur* (*Mr*). » Tel serait le cas de la vente que ferait un notaire d'un immeuble lui appartenant ; tel serait encore celui d'une obligation qui lui serait souscrite pour prêt d'argent (2).

(1) Je ne parle pas de *maître* dans le sens d'une qualification que l'on donne aux chefs de certaines professions industrielles. Dans ce cas, ce mot s'écrit en abrégé : Mtre. « Mtre-menuisier. »

(2) Il en serait différemment s'il s'agissait d'une obligation causée valeur en droits et honoraires d'actes de son ministère.

MANOUVRIER, MANŒUVRE.

Le *manouvrier* est l'ouvrier qui travaille de ses mains à la journée. Le mot *journalier* a une signification à peu près identique.

Le *manœuvre* est l'apprenti qui sert les maçons.

MARCHAND.

Ce mot s'écrit en abrégé (*Md*) toutes les fois qu'il est suivi d'un complément qui indique la nature des marchandises à vendre : « Md-fruitier, Md d'estampes. »

Je ferai remarquer, en outre, que l'on doit écrire, en mettant au pluriel le complément : « Md de *vins, d'épiceries,* de *laines,* de *tabacs,* etc. »

MARIAGE.

Je ne saurais trop m'élever contre l'usage établi dans le notariat (particulièrement de Paris) de baptiser chaque contrat de mariage du nom de « *mariage.* »

Si cette qualification est vraie, comment appellera-t-on *le mariage* qui se célèbre à la mairie ? Lorsqu'il s'agit d'une vente, c'est bien le contrat du notaire *qui est la vente ;* mais en matière de *mariage,* il y a deux actes : « le *contrat de mariage* » d'abord, et ensuite « le *mariage* proprement dit. »

Ce n'est pas d'aujourd'hui qu'on a pu condamner ces deux vers:

« Et déjà le notaire a, d'un style énergique,
« Griffonné de ton joug l'instrument authentique (1). »

Dans le siècle de Louis XIV, il n'appartenait pas plus au notaire, qu'il ne lui appartient dans le nôtre, de *griffonner l'instrument du joug*, qui est le *mariage*, et et non le *contrat* préalable, destiné seulement à régler des intérêts civils.

MARIÉ (à, avec).

Dites : « Mr Vidal déclare qu'il est *marié*, en premières noces, *à* Mme Jeanne Bernardin. »

Marié avec semble plutôt fait pour appeler l'attention sur quelque anomalie dans le mariage :

« Mr * est *marié avec* une jeune personne sans éducation. »

MÉDIAT.

On ne peut se servir du mot *médiat* dans les exemples suivants : « Me *, notaire, *prédécesseur médiat* de Me *, » et « Me *, notaire, *successeur médiat* de Me *, » que dans le cas où l'exercice des deux notaires dont il est question dans chacun de ces exemples, n'est séparé que par celui d'un troisième.

S'il y avait plusieurs notaires intermédiaires, l'expression serait inexacte.

(1) BOILEAU.

MÊME (De même que).

La locution adverbiale *de même que* est à sa place dans un partage lorsqu'il s'agit de diviser une somme en deux portions égales et d'attribuer chaque portion aux ayant-droit.

On énonce la somme à partager, et l'on ajoute :

« Dont la moitié pour Mme veuve X *, *de même que* pour les héritiers de son mari, est de... »

MÉMOIRE.

Voyez *esprit*.

MÉMOIRE, ORDRE.

On porte pour *mémoire* dans les actes :

1° Les faits que, malgré l'intérêt actuel ou éventuel qu'ils présentent, on se borne à indiquer, sans en tirer une conséquence immédiate et définitive ;

2° Et les sommes dont la liquidation est ajournée.

On y mentionne pour *ordre* les faits et les sommes qui ne sont rappelés que pour la forme, ou pour l'harmonie du travail, et dont, à défaut d'intérêt, il n'y aura plus à s'occuper.

MÉTAIRIE.

C'est le nom que l'on donne, dans certaines localités, à une ferme d'une étendue restreinte.

MIDI, MINUIT.

Dites : « sur *le midi,* sur *le minuit,* » et non « sur *les midi,* sur *les minuit.* » Ces mots ont leur place dans les testaments authentiques.

MILITANT.

Militant me paraît devoir être classé parmi les adjectifs : « *militant, te.* »

« Une inscription *militante* en faveur d'un créancier. »

« J'ai subrogé Mr Cousin dans les droits *militants* à mon profit (1). »

MINUIT.

Voyez *midi.*

MOBILIER.

« *Mobilier, biens meubles, effets mobiliers, meubles, meubles meublants.* »

On ne saurait trop se pénétrer de la signification exacte de ces expressions, qui sont d'un usage si fréquent dans le notariat. Une erreur sur ce point peut entraîner de graves résultats. Consultez, notamment, les articles 533, 534 et 535, du Code Napoléon.

(1) Il est certain que l'on écrirait *militant* invariable, si ce mot servait à déterminer une proposition, comme dans cet exemple : « Ces arguments *militant* pour moi, je n'ai rien à craindre des suites de mon procès. »

Cette règle est d'une application générale.

MONTER.

On dit qu'une dépense « *monte* » à telle somme et non « *se monte* » à telle somme.

« *S'élève* » est employé de préférence. »

MOT (composé).

Le mot composé n'est compté que pour un seul mot dans le nombre des mots rayés : « *nu-propriété, crédi-rentier, l'acquéreur, s'étend* (1). »

MOTIFS.

Il est d'usage en province d'indiquer les motifs (généralement basés sur l'affection) qui déterminent les dispositions gratuites dans les contrats de mariage, les donations et les testaments.

A Paris, on se borne à constater ces dispositions, sans en faire connaître la cause.

MUTUELLE.

« *Mutuelle* et *réciproque.* » — J'ai vu plus d'une fois employer ces deux adjectifs de suite dans une donation entre époux par contrat de mariage :

« Les futurs se font, par ces présentes, donation entre vifs, *mutuelle* et *réciproque*, au survivant d'eux... »

(1) C'est bien à tort que plusieurs ouvrages enseignent qu'il n'y a qu'un seul mot dans *le dit, la dite.*

Ce sont deux mots qui ont une signification identique. On peut les supprimer l'un et l'autre sans aucun inconvénient (1).

NAPPE.

Linge dont on couvre la table pour manger.

NE

Il y a lieu de supprimer la particule *ne* dans les phrases suivantes:

« L'immeuble est vendu sans que, pour raison de déficit même au-delà d'un vingtième, dans la mesure énoncée, il *ne* puisse y avoir aucune réclamation de la part de l'acquéreur. »

« A la conservation des droits des parties et de tous autres qu'il appartiendra, et sans que les qualités qui précèdent *ne* puissent nuire à qui que ce soit, il va être... »

« Une menace de trouble qui empêche qu'un acquéreur *ne* se libère. »

(2) Je ferai remarquer, en outre, qu'il convient d'éviter dans la clause, si peu étendue, qui exprime cette donation, l'emploi, dans un autre sens, du verbe donner :

« Les futurs, pour se *donner* une preuve de leur attachement, se font, par ces présentes, *donation*... »

« Le survivant des futurs ne sera pas tenu de *donner* caution... »

On peut dire, au moyen d'une légère correction :

« Les futurs, pour se témoigner leur attachement, se font, par ces présentes, donation... »

« Le survivant des futurs ne sera pas tenu de fournir caution... »

L'acquéreur pourra, même avant que l'échéance de son prix *ne* soit arrivée...»

« Faute de *n*'avoir notifié son titre en temps utile. »

Il faut donc écrire :

« ... dans la mesure énoncée, il puisse... »

« ... les qualités qui précèdent puissent... »

« ... qu'un acquéreur se libère. »

« ... que l'échéance de son prix soit arrivée... »

« Faute d'avoir... »

NOCES.

« *Noces.* » Mariage.

Nôces est de l'ancienne orthographe.

NOM (au nom de).

Il n'y a que les *mandataires*, les *tuteurs* et *autres administrateurs* de la fortune d'autrui, qui agissent *au nom* des personnes qu'ils représentent. Celles-ci sont considérées comme stipulant par eux.

Mais les *héritiers*, les *cessionnaires*, etc., n'agissent pas *au nom* des *défunts*, des *cédants*, etc., dont ils ont pris la place et dont ils font valoir les droits pour leur compte personnel.

Il est impossible de stipuler *au nom* de personnes *mortes* ou *dessaisies*.

NU-PROPRIÉTÉ, *nu-propriétaires*.

J'en suis fâché pour MM. les notaires et MM. les imprimeurs d'ouvrages de droit. Je soutiens que les mots :

« *nu-propriété, nu-propriétaires,* » s'écrivent de cette manière, par application de la règle qui veut que l'adjectif *nu*, lorsqu'il précède immédiatement un substantif, soit invariable.

C'est ainsi que l'on dit : « des hommes *nu-pieds,* des femmes *nu-bras* (1). »

Il n'y a aucune raison de faire une exception en faveur de : « *nu-propriété, nu-propriétaires.* »

Le mot *demi* est soumis à la même règle : « une *demi-journée*, une *demi-heure.* »

OBLIGATAIRE.

Celui qui possède des *obligations* d'une société, d'une ville, etc.

OBLIGATION (avec cautionnement).

Je vais signaler ici une lacune dans la rédaction d'une obligation contenant un cautionnement.

Beaucoup de personnes ignorent qu'après avoir prêté des fonds avec le cautionnement, fût-il solidaire, d'un tiers, il ne leur est pas permis, sous peine d'engager leur responsabilité personnelle, de renoncer bénévolement, dans une mesure quelconque, à leurs droits et garanties contre le débiteur principal. Une simple négligence de leur part, qui aurait pour résultat de les amoindrir, peut, de même, leur être imputée à faute.

(1) Du reste, il est hors de doute que l'on écrit . « Des hommes *pieds nus*, des femmes *bras nus*. »

De cette situation naissent souvent des difficultés avec la caution, qui, mise en demeure de payer, à défaut par le débiteur principal de le faire, oppose au créancier l'impossibilité où s'est mis celui-ci de la subroger, selon le vœu de l'article 2029 du Code Napoléon.

Pour obvier à ce danger, il y a lieu, (en tant, du moins, que telle est la convention des parties), d'insérer dans l'obligation une clause, dont je n'ai rencontré jusqu'à présent aucun modèle, qui empêche la caution de faire au créancier un grief de cette nature.

Cette clause me paraît devoir être conçue en ces termes :

« Il est expressément convenu que le fait par le créan-
« cier d'avoir abandonné, compromis ou laissé périr,
« en totalité ou en partie, soit par des désistements,
« mains-levées, irrégularités, péremptions, soit de toute
« autre manière, ses droits et garanties contre le débi-
« teur principal, ne pourra lui être opposé par la caution
« et la décharger de ses engagements. »

OBSERVER.

Ne dites pas :

« Les parties *observent* que... »

« *Il est observé* que... »

Dites :

« Les parties *font observer* que... »

« *Il est fait observer* que... »

ON.

Le pronom *on* est une sorte de caméléon, qui n'a ni feu

ni lieu. Il va désignant tout le monde et ne nomme personne. Les gens spirituels et malicieux en font souvent un martyr, lorsqu'ils se mettent en frais d'épigrammes sur le compte d'autrui.

Je n'ai pas, il est vrai, à l'envisager à ce dernier point de vue ; mais ce préliminaire n'est pas tout à fait étranger à mon sujet.

Dans certains actes de longue haleine, dans ceux qui sont le plus particulièrement l'œuvre du notaire, les liquidations, par exemple, j'ai vu appliquer le mot *on* tantôt au *notaire rédacteur*, tantôt au *lecteur*.

« *On* (1) vient de dire que MM. Pelletier étaient verbalement convenus que les bénéfices de l'opération seraient partagés entr'eux par moitié. »

« *On* (2) verra plus loin que cette convention a ét exécutée. »

Il y a, dans cette manière de s'exprimer, une faute grave. Le mot *on* ne peut représenter, dans le même travail, des personnes qui jouent un rôle différent. Il convient de l'appliquer de préférence au lecteur ; (3) et, une fois ce parti pris, il ne faut pas l'appliquer au notaire.

ORDRE.

Voyez *mémoire*.

PAIEMENT.

Ecrivez « *paiement* » et non « *payement*. »

(1) Le notaire.
(2) Le lecteur.
(3) C'est cependant le contraire qui a lieu le plus généralement : « *On* va d'abord liquider les reprises des époux ; ensuite *on* s'occupera... »

Espérons que cette première orthographe finira par prévaloir.

PAR.

Cette préposition doit être supprimée dans la phrase suivante :

« Pour, *par* l'acquéreur, jouir, faire et disposer... »

On doit écrire :

« Pour, l'acquéreur, jouir, faire et disposer... »

PARAFE, PARAFER.

Ecrivez « *parafe, parafer,* » et non « *paraphe, parapher.* » (1)

PARAPHE, PARAPHER.

Voyez *parafe, parafer.*

PARC.

Voyez *clos.*

PAR-DEVANT.

On dit indistinctement : « Un acte passé *devant* » ou « *par-devant* notaire. »

(1) Je m'étonne que MM. les notaires de Paris qui, dans la rédaction de leurs actes, s'entourent de précautions rigoureuses pour garantir leur responsabilité professionnelle, se contentent de faire mettre, selon les circonstances, un simple parafe ou une seule lettre aux renvois des testaments qu'ils reçoivent en la forme authentique, alors qu'un renvoi peut contenir même une institution universelle.

On me répondra que cela suffit aux exigences de la loi.

Il n'en est pas moins vrai qu'il n'y a qu'une garantie presque illusoire dans un semblable signe apposé à un renvoi de testament, dont l'importance est toujours plus ou moins considérable.

PALIER.

Plate-forme sur un escalier.

PASSIBLE.

Cette phrase d'une obligation : « L'emprunteur déclare n'être *passible* d'aucune hypothèque légale, à quelque titre que ce soit, » est loin d'avoir le sens qu'on a l'habitude de lui prêter.

En effet, elle ne signifie pas seulement que cet emprunteur n'est présentement grèvé d'aucune hypothèque légale. Elle veut dire, ce qui est bien autre chose, qu'il est placé en dehors des faits qui donnent lieu à l'hypothèque légale ; en d'autres termes, qu'il est incapable d'être, soit mari, soit tuteur, soit comptable de deniers publics, puisque l'hypothèque légale s'attache à chacun de ces titres.

Transportons cette expression à un autre cas. Il nous fera mieux saisir combien l'application en est fausse dans la phrase que j'ai citée.

Si l'on voulait faire déclarer par l'emprunteur qu'il n'est grevé, non pas, comme dans cette phrase, « d'aucune hypothèque légale, » mais « d'aucune maladie, » (il n'y a, dans cet exemple, que la substitution de la maladie à l'hypothèque légale), s'exprimerait-on exactem nt, en disant : « L'emprunteur déclare n'être *passible* d'aucune maladie ? » Evidemment non ; car s'il déclare qu'il n'a aucune maladie actuelle, il n'entre pas dans sa pensée de déclarer qu'il en est exempt pour l'avenir.

Il n'y a donc rien de moins qu'un contre-sens dans l'application, que je viens de signaler, du mot *passible* (1).

PATRONYMIQUE (nom).

« Nom *patronymique*, » nom de famille.

PENDANT, TE.

Adjectif. — « Une question *pendante*; une instance *pendante* devant un tribunal; des fruits *pendants* par racines. »

PIERRE.

On écrit : « scieur » et « tailleur de *pierres*, » et non « de *pierre*. »

Voyez, par analogie, *marchand*.

PLÉONASME.

Il faut bien se garder de dire :

« Mr Paul Moreau, marié à Mme Louise Morlé, *son épouse*. »

« Mr François Richond, veuf de Mme Jeanne Richer, *son épouse*. »

« Son épouse *décédée*, » dans ce dernier exemple, serait encore plus répréhensible.

(1) Les observations qui précèdent s'appliquent aussi au mot *soumis*.

Mais les phrases suivantes sont très-correctes :

« Mr Paul Moreau, marié à Mme Louise Morlé, sa *première* épouse. » (1)

« Mr François Richond, veuf de Mme Jeanne Richer, sa *première* épouse. »

« Mr François Richond, veuf de Mme Jeanne Richer, décédée *à Orléans*. »

Cela tient à ce que, dans les premiers exemples, les mots *italiques* ne changent rien à l'idée que renferment ceux de « *marié* » et « *veuf ;* » tandis que, dans les derniers, cette idée s'éclaire de détails qui intéressent le lecteur.

Il est incontestable que le pléonasme ne subsisterait pas moins, si chacun de ces détails n'était pas étroitement lié à la phrase à laquelle il se rattache, et ne fesait pas corps avec elle, sans interruption du style.

Ce raisonnement fait comprendre pourquoi la langue proscrit : « monter en haut, descendre en bas, » phrases dans lesquelles *monter* et *descendre* disent tout, sans que « *en haut, en bas* » y ajoutent rien ; tandis que l'on écrirait très-bien : « monter au grenier, descendre à la cave ; » parce que « *au grenier, à la cave,* » sont des expressions qui donnent aux verbes *monter* et *descendre* une signification particularisée qu'évidemment ils ne comportent pas eux-mêmes.

(1) Ceci me rappelle une phrase que j'ai vu employer quelquefois:
Un enfant né du *premier* mariage de Mr * avec Mme *.
Elle signifie, littéralement interprétée, que l'on peut se marier plusieurs fois avec la même personne.
Un léger changement la rend irréprochable :
« Un enfant né du *premier* mariage de Mr *, contracté avec Mme *. »

PINCETTES (une paire de).

On dit : « une paire de pincettes, » (et non « une pincette, ») comme on dit : « une paire de ciseaux, de tenailles, etc. »

PLUMES.

Ecrivez : « un lit, un traversin, un oreiller de *plumes.* »

POÊLE, POÊLON.

Le premier de ces mots ainsi orthographié désigne un ustensile de cuisine, ainsi qu'un appareil de chauffage; le second, un ustensile de cuisine.

PONCTUATION.

La ponctuation est un élément essentiel d'une bonne orthographe. On ne saurait trop recommander de ne pas la négliger.

En harmonisant la phrase, elle rend la pensée plus nette et plus intelligible ; elle empêche les équivoques.

C'est un détail dans le style, mais un détail de première nécessité.

PRÉSENTES (ces).

On lit dans un ouvrage, justement estimé, sur le notariat :

« Lorsque la minute énonce un acte qui lui est an-

« nexé, dans l'expédition on doit mettre, au lieu de ces « mots de la minute :

« *Annexé à ces présentes,* » ou « *ci-annexé ;*

« Ceux-ci :

« *Annexé à la minute des présentes.* »

L'auteur signale d'autres cas analogues pour lesquels il recommande le même changement.

Je suis fermement convaincu qu'on doit s'abstenir de ces modifications, par la raison que, si elles étaient mises en pratique, elles ne serviraient qu'à obscurcir le style, loin de le rendre plus clair, comme le prétend l'auteur. En effet, pour être conséquent, il faudrait les répéter aux divers endroits de l'expédition où se trouvent les mots « ces présentes. » Ainsi, dès le commencement de l'expédition d'une vente, il faudrait écrire : « Lequel a, par la *minute* des présentes, vendu... ; » ce qui est inadmissible. On sait très-bien, en lisant une expédition, que c'est la minute qui parle.

PRÉSUCCESSION.

Le partage anticipé que des père et mère ou autres ascendants font de leurs biens entre leurs enfants et descendants se nomme « une démission de biens, par forme de *présuccession.* »

PRINCIPAL, CAPITAL.

Voyez *capital.*

PRINCIPAL (prix).

Il me semble que, lorsque le prix d'une vente est

payé comptant, ou stipulé improductif d'intérêts, c'est à tort que l'on dit : « Cette vente est faite, en outre, moyennant la somme de... de *prix principal.* »

De prix suffit.

PRISÉ, ÉE, ÉES.

On écrit correctement dans un inventaire :

« Un lit, composé d'une couchette, un sommier, etc.; *prisé* trois cents francs. »

Il est incontestable que *prisé* se rapporte au lit tel que la composition en est faite ; l'addition de tout autre mot serait superflue.

Il en est de même lorsqu'on dit :

« Un fût, contenant 110 litres de vin rouge, *prisé* cent francs. »

Dans ce dernier cas, *prisé* s'applique nécessairement au fût avec ce qu'il contient.

Voir mes observations au mot *are.*

PROCÉDANT.

Participe présent. — « Ce jugement a été rendu contre Mme Cartier, *procédant* avec l'autorisation de son mari. »

PRODUCTIF, PRODUCTIBLE.

Voyez *génératif.*

PROJETÉ.

« Mariage *projeté* ; union *projetée.* »

« Mariage, union en projet. »

On ne double le *t* de ce verbe que devant un *e* muet, comme on fait pour tous les verbes en *eter* : « Le mariage qu'il *projette*, qu'ils *projettent*. »

PROMETTANT, OBLIGEANT, RENONÇANT.

Ces locutions, qui avaient pour le commun des mortels un sens mystérieux, étaient autrefois d'une pratique constante à la fin d'un grand nombre d'actes notariés.

Souvent, elles étaient précédées de celles-ci, qui venaient immédiatement après l'élection de domicile :

« *Auxquels lieux, nonobstant*. »

Les unes et les autres sont tombées en désuétude.

Je vais en donner l'explication, telle que je l'ai trouvée dans un titre du temps :

« *Auxquels lieux*, elles (les parties) consentent la « validité de tous actes et exploits de justice qui y se« raient faits, *nonobstant* absence ou changement de « demeures.

« *Promettant* exécuter le contenu en ces présentes ; « *obligeant* tous leurs biens, meubles et immeubles, « pour ce soumis à justice; *renonçant* à toutes choses « contraires. »

PROPRE (en).

« Des biens appartenant *en propre* » (et non « *en propres* ») et « à titre *de propres*. »

PROVENANT.

Participe présent. — « Une terre *provenant* à Mr de ses père et mère ; des biens *provenant* du domaine de la Couronne. »

QUEL.

Toutes les fois que le mot *quel* est suivi de *que* et ensuite d'*un verbe*, on doit le faire accorder avec le substantif auquel il se rapporte, en ayant soin de le détacher de *que*.

Il faut donc écrire :

« *Quelle* que soit la fortune de votre frère, *quelles* que soient les ressources de son talent, il paraît très-affecté de la perte qu'il vient de subir. »

Il n'en serait pas autrement si le sens de la phrase exigeait l'intercalation de l'un des pronoms *il, en*, entre *que* et *le verbe*.

Ainsi, l'on dira :

« L'acquéreur profitera de l'excédant de la mesure, s'il s'en trouve et *quel* qu'il soit. »

« Le futur fait donation à la future des biens, meubles et immeubles, qui dépendront de sa succession, au jour de son décès, *quels* qu'ils soient, » ou « *quelles* qu'en soient les consistance et valeur. »

« Les conventions qui précèdent s'étant formées sans la participation du notaire soussigné, ce dernier, *quelles* qu'en soient les suites, demeure à l'abri de toute responsabilité (1). »

(1) Ne confondez pas le mot *quel*, traité ici, avec *quelque* (en un seul mot), dont il n'est pas question.

RADIER.

Voyez *rayer*.

RAYER.

« *Rayer* une inscription. »
Radier, en ce sens, tombe en désuétude.

RAISON (à).

Dites : « *à raison* de » et non « *en raison* de. »

RÉCIPROQUE.

Voyez *mutuelle*.

RÉELLE (présence)

Il est bon de rappeler en ces termes une donation où tout autre acte fait en la présence réelle de témoins, en conformité de la loi des 21 et 24 juin 1843.

« Suivant acte passé devant Me *, notaire à *, en la *présence réelle* de témoins, le... »

REPS.

Etoffe de soie. — « Une robe de *reps*. »

REQUÉRIR.

Voyez *acquérir*.

RÉSIDANT, TE.

Adjectif. — « Mme Millet *résidante* en sa maison de campagne; des notaires *résidants* à Lyon. »

RESTANT.

Substantif et adjectif.

« Le *restant* d'une pièce de terre. »

« La portion *restante* d'une pièce de terre. »

« M^{r} * retiendra les 6,000 fr. *restants* dans la succession. »

RESTE, RESTENT.

On fait souvent une soustraction dans un acte, une liquidation, par exemple, en disant :

« *Il reste*. . . . . tant de francs. »

Si l'on supprime le pronom *il*, on doit écrire :

« *Restent* . . . . tant de francs. »

Car, dans cette dernière phrase, c'est le nombre de francs qui donne l'accord au verbe, bien qu'il soit placé après ce verbe. »

Même règle pour les mots : « *existe, se trouve*. »

Ainsi, l'on dit :

« Au foyer, *il existe* » ou « *il se trouve* » une paire de chenets, une barre, etc. »

« Au foyer, *existent* » ou « *se trouvent* » une paire de chenets, une barre, etc (1). »

RÉSULTANT, TE.

Adjectif, malgré l'usage contraire.

« Une hypothèque *résultante* d'une obligation. »

« Des effets *résultants* d'une cause. »

« Des condamnations *résultantes* d'un jugement. »

RETRAITE (en).

Il est fort à propos, dans la rédaction des actes, de mettre en retraite, en laissant à la gauche du papier une marge plus grande, la partie de l'écriture consacrée aux qualités, telles que celles de tuteur, de mandataire, d'administrateur. On rétrécit encore plus le cadre de l'écriture lorsqu'il s'agit de qualités héréditaires.

On met également en retraite les énonciations explicatives ou modificatives d'un fait constaté : soit, après l'analyse de pièces, les déclarations qui en font jaillir le sens, le complètent ou le rectifient; soit, après la relation d'inscriptions trouvées sur une transcription, les mains-levées et radiations de ces inscriptions.

Enfin, on indique transitoirement par ce moyen le rapport qui existe entre deux faits séparés l'un de l'autre dans l'ordre de la rédaction.

(1) C'est encore par la même raison que l'on écrit :

« *Il dépend* de la maison d'habitation plusieurs jardins plantés d'arbres fruitiers. »

« De la maison d'habitation *dépendent* plusieurs jardins plantés d'arbres fruitiers. »

REVENANT.

Participe présent. — « Une somme *revenant* à Mr Brindel. »

RÉVERSION, etc.

« *Réversion, réversible, réversibilité*; » et non « *reversion, reversible, reversibilité.* »

SAIN (de corps).

Encore une expression usuelle dans les testaments authentiques, et qui est, au moins, une banalité !

Elle soulève une foule d'objections.

Où est la nécessité qu'un testateur soit sain de corps ?

N'est-ce pas, le plus souvent, parce que le corps est malade, que l'on songe à faire son testament?

Quel moyen le notaire a-t-il de vérifier l'exactitude du fait par lui avancé? S'il se trompe, ou s'il est trompé par le testateur lui-même, qu'en résultera-t-il ?

Enfin, si ce dernier n'était pas *sain de corps,* s'il avait quelqu'une de ces maladies que l'on n'avoue que très-difficilement, sera-t-il obligé d'en faire confidence ?

SANS.

Dites : « *sans renvois, sans ratures, sans mots rayés.* »

Ces expressions indéfinies exigent le pluriel.

La règle à suivre en pareil cas, c'est de mettre au

pluriel le substantif qui est régi par *sans* toutes les fois que l'objet qu'il désigne et dont il y a privation ou manque est de nature à être multiple.

Donc, on dira :

« Une chemise *sans manches*, » parce qu'une chemise doit avoir deux manches.

« Un acte *sans ratures*, » parce qu'un acte peut avoir plusieurs ratures.

« Une personne décédée *sans héritiers* à réserve, » parce qu'elle pouvait laisser plusieurs héritiers de cette catégorie.

On écrirait, d'après ce principe :

« Mr Brindel est mort dans l'isolement, *sans parents, sans amis.* »

« Le Grand Hôtel n'a pas été construit *sans caves.* »

« Mr Brindel est mort dans l'isolement, *sans prêtre.* »

« Une petite maison composée d'une seule pièce et d'un grenier, *sans cave* (1).

On dit encore :

« Un homme *sans science, sans jugement, sans courage*, etc. »

Ce qui détermine à décider ainsi dans ce dernier exemple, c'est que l'on veut parler de facultés ou de

(1) C'est le même principe qui gouverne les exemples suivants :
« Un certificat négatif d'*inscriptions.* »
« Les amateurs sont admis à enchérir sans ministère d'*avoués.* »
« Une personne décédée sans avoir fait de *testament.* »
« Tout amateur est admis à enchérir sans ministère *d'avoué.* »

qualités prises dans un sens absolu : « *La science, le jugement, le courage*, etc. »

SE.

Se est un pronom personnel qui doit être répété devant chaque verbe dans cette phrase d'un contrat de vente :

« Ainsi que cet immeuble *se* poursuit et *se* comporte. »

« *Se* poursuit et comporte » est irrégulier.

Voici un exemple qui mettra mieux en relief la justesse de cette observation :

« Frappé par un bruit imprévu, Mr Bernard *se* réveille et *s'*habille à la hâte. »

Qui ne serait dérouté par la suppression du pronom devant le second verbe (1) ?

SÉANT TE.

Adjectif. — « La Cour Impériale de Paris *séante* au palais de justice de cette ville. »

SECOND, DEUXIÈME.

A *second* est attachée l'idée d'*ordre*, et à *deuxième* celle de *série*.

« Le *deuxième* étage » d'une maison fait nécessairement supposer que cette maison a plus de deux étages.

(1) Je rappelle à ce sujet que les expressions : « Je vais *promener*, je vais *baigner*, je vais *coucher*, » ne sont nullement françaises dans le sens qu'on leur attribue chaque jour.

« Le *deuxième* lot » d'un partage implique que ce partage contient plus de deux lots.

C'est pourquoi l'on dit :

« Un notaire en *second.* »

« Mme Marie Dufour, épouse en *secondes* noces de Mr Joseph Lhuillier (1). »

SEMESTRE.

Espace de six mois. — « *Semestre* d'intérêts, d'arrérages ; des intérêts payables par *semestres.* »

SÉPARATION (DE DETTES).

La plupart des formules des contrats de mariage avec régime de communauté font suivre immédiatement l'adoption de ce régime d'une clause qui a pour but de laisser à la charge de chaque époux ses dettes, même mobilières, antérieures au mariage, ainsi que celles des successions, donations et legs, qui peuvent lui advenir pendant sa durée.

Après cette clause vient la constatation des apports des futurs ; et à cette constatation succède une autre clause qui réserve à chacun d'eux ses biens personnels mobiliers et immobiliers, présents et à venir.

(1) C'est par là qu'un mortel, forçant les rives sombres,
Au superbe tyran qui règne sur les ombres,
Fit respecter sa voix.
Heureux si, trop épris d'une beauté rendue,
Par un excès d'amour il ne l'eût pas perdue
Une *seconde* fois! (ROUSSEAU.)

Cette méthode est illogique.

Avant d'exclure de la communauté les dettes des futurs, sans distinction, il faut en exclure leurs biens de toute nature. L'exclusion de leurs dettes mobilières n'est que le corrélatif de celle de leur mobilier.

Le code Napoléon, en indiquant (articles 1497 et suivants) les stipulations qui peuvent modifier la communauté légale, et en y comprenant celles dont je viens de parler, s'est bien gardé de commettre l'inconséquence que je relève ici.

Je propose la rédaction suivante à la suite de la première clause du contrat (de celle d'adoption du régime de communauté) :

« ARTICLE 2e.

« RESTRICTION DU RÉGIME ADOPTÉ.

« Ils (les futurs) excluent de leur communauté et se
« réservent propres, chacun en ce qui le concerne, leurs
« apports (1) ci-après constatés, ainsi que les biens,
« meubles et immeubles, qui leur adviendront par
« successions, donations, legs ou autrement.

« Par suite, ils demeureront respectivement tenus
« des dettes, même mobilières, à la charge de leur pa-
« trimoine particulier, présent et à venir.

(1) Il y aurait lieu d'ajouter en cet endroit, « *et dots*, » si des dots leur étaient constituées par le contrat.

« Toutefois, la présente clause ne s'étendra pas aux « intérêts et arrérages, soit actifs, soit passifs, qui « courront pendant ladite communauté. »

SIÉGEANT.

Participe présent. — « Des magistrats *siégeant* en robes rouges. »

SIEUR (S^r).

A Paris, et dans les grands centres de population, ce mot n'est guère en usage que lorsqu'il est précédé de de *dit (d.)*, comme dans cette phrase : « *le dit sieur* de Verneuil. »

Hors de là, on écrit toujours : « *Monsieur* (M^r), » quelle que soit la position sociale de celui qui est en jeu.

Cela tient à un sentiment de politesse et à la crainte de froisser de légitimes susceptibilités.

Il n'est pas inutile de dire à ce sujet que le mot *mon*, par lequel on remplace souvent *le* dans la phrase ci-dessus, en écrivant : « *mon d.* sieur de Verneuil, » est un terme beaucoup trop familier, et que, par cette raison, MM. les notaires devraient éviter.

SINISTRÉ.

Se dit des personnes et des choses.

« Une indemnité due à un propriétaire *sinistré*. »

« Une indemnité due à raison d'un bâtiment *sinistré.* »

SOIT.

Correspond à un autre *soit* préférablement à *ou.*

Écrivez donc :

« L'acquéreur, *soit* qu'il conserve le prix de son acquisition, *soit* qu'il le consigne, sera tenu... »

Et non :

« L'acquéreur, *soit* qu'il conserve le prix de son acquisition, *ou* qu'il le consigne, sera tenu... »

SOLDE.

Une quittance *pour solde* ne doit s'entendre que de celle qui complète un paiement commencé.

La quittance qui libère entièrement lorsqu'aucun à-compte n'a été payé, est une quittance *intégrale.*

SOLIDAIRES, SOLIDAIREMENT.

Un grand nombre de notaires, dans les contrats de ventes et de baux qu'ils rédigent, ajoutent aux noms des acquéreurs et des fermiers les locutions suivantes: « *acquéreurs solidaires, fermiers solidaires.* »

Par là, ils croient ne faire peser la solidarité sur les acquéreurs ou les fermiers qu'en ce qui concerne le paiement du prix et l'exécution des conditions accessoires.

Et pourtant ces expressions ont une signification bien plus étendue.

L'acquisition ou la prise en location d'un immeuble par deux personnnes *solidairement* produit, outre l'effet ci-dessus indiqué, *un véritable mandat* par chacune d'elles à l'autre pour l'exécution ultérieure du contrat quant aux engagements qui ont pu avoir été contractés à leur égard par le vendeur ou le bailleur, surtout en ce qu'ils consisteraient dans la remise de sommes liquides et d'objets certains et déterminés ; de telle sorte que chaque acquéreur ou fermier peut seul, sans le concours de son cointéressé, donner, soit au vendeur, soit au bailleur, une décharge parfaitement régulière de ces engagements.

Il en est nécessairement ainsi, puisque la solidarité qui s'applique, d'une manière générale, aux acquéreurs ou aux fermiers à raison de leur qualité, embrasse aussi bien les droits actifs que les droits passifs qui découlent de cette qualité ; ce qui en fait, sous le rapport de ces premiers droits, de vrais créanciers solidaires.

La conséquence à tirer de ce qui précède, c'est qu'il convient de restreindre la solidarité des acquéreurs ou des preneurs à l'exécution des obligations par eux contractées, à moins que l'utilité d'une plus grande extension ait été reconnue.

Je ferai observer sur le mot *solidairement* que c'est à tort que l'on écrit quelquefois après ce mot : « *un d'eux seul pour le tout, sans division ni discussion.* »

Les premières expressions forment pléonasme, et les dernières sont superflues.

SON, SA SES.

Il faut répéter ces adjectifs possessifs devant chaque substantif.

Son oncle et *sa* tante avaient consenti à cette transaction. »

« Mr Marotte, *son* oncle et *son* tuteur. »

Dans le langage du notariat, on évite quelquefois la répétition des mots *son*, *sa*, devant chaque substantif singulier, en y substituant *ses*, que l'on place devant le premier substantif. Ainsi l'on dira :

« La future, voulant satisfaire au désir de *ses* père et mère..., » pour « de *son* père et de *sa* mère... »

On dit encore, par une sorte d'ellipse : « *ses* parents et amis ; *ses* héritiers et représentants ; etc. »

On doit toujours avoir soin de se servir des adjectifs possessifs *son*, *sa*, *ses*, de manière à éviter toute équivoque.

Voici, par exemple, une phrase qui offre à reprendre sous ce rapport :

Mr Sonnet déclare que cet héritage lui provient de M. Pierre Sonnet et de Mme Julie Prestat, *son* épouse, *ses* père et mère, décédés à Marseille. (1)

(1) On trouve le même embarras dans les vers suivants :
« Tandis que le vieillard, instruit par le Seigneur,
« Entretenait le prince et parlait à *son* cœur,
« Les vents impétueux à *sa* voix s'arrêtèrent. »
(LA HENRIADE.)

Il suffit d'un léger changement pour faire disparaître cette irrégularité :

Mr Sonnet déclare que cet héritage lui provient de *ses* père et mère, Mr Pierre Sonnet et Mme Julie Prestat, *son* épouse, décédés à Marseille.

SOUS.

Ces locutions ne sont pas heureuses :

« Mr... et, *sous* son autorité, Mme..., son épouse... »

« Un acte *sous* la date du... »

« La ratification des présentes aura lieu *sous* un mois de ce jour. »

STOFF.

« Une robe de *stoff*. »

STYLE ÉPISTOLAIRE.

Le style épistolaire des notaires (je veux dire dans l'exercice de leur profession) doit être clair, ferme et concis.

Il est indispensable que le point dominant de toute proposition se détache avec évidence. Pas de détails inutiles ou insignifiants; pas de badinage, surtout de badinage affecté.

Le notaire ne doit affirmer que des faits certains et

irréfragables ; les autres s'annoncent en termes dubitatifs. C'est le moyen d'éviter toute contradiction ultérieure, parfois si regrettable dans la vie des affaires.

La politesse est, en toute circonstance, une règle de rigueur. Il vaut mieux à ce sujet faire un peu plus qu'un peu moins. Le monde est plein de gens susceptibles, toujours prêts à vous accuser de n'avoir pas pour eux les égards dont ils sont dignes.

Montrez-vous, dans vos relations, tel que vous devez être en effet : droit, loyal, sincère. S'il est quelques circonstances dans lesquelles il convient de ne pas tout dire, il n'en est aucune qui oblige à annoncer comme vrais des faits que l'on sait contraires à la vérité, ou à exprimer une opinion personnelle qui n'est pas consciencieuse.

Il n'y a que les propositions qui blessent les sentiments intimes ou la morale auxquelles on ne répond pas. C'est une question de dignité. S'abstenir de répondre, c'est plus souvent rompre pour l'avenir.

La manière de terminer une lettre mérite une attention particulière. Elle est la pierre de touche et quelquefois la pierre d'achoppement des relations.

Ce n'est rien dire à quelqu'un que de lui offrir « de *sincères* salutations. » Si vous n'offrez que *des salutations* à votre correspondant, il peut tenir pour certain qu'elles sont sincères sans que vous preniez la peine de l'écrire.

La date ne se met pas indifféremment au commencement d'une lettre, ou à la fin, à côté de la signature. Ce dernier modee st, à bon droit, considéré comme une marque de déférence.

Quant à la suscription, je répète ici ce que j'ai dit ailleurs, qu'il faut indiquer la rue avant le n°.

Pour fixer avec certitude la date des lettres que l'on envoie, on les plie de façon à mettre l'adresse sur le papier même qui a servi à les écrire ; les renfermer dans des enveloppes est moins sûr.

Il est facile d'en conserver la copie au moyen d'une presse et d'une encre sympathique qui se trouvent dans le commerce. Ce procédé n'exige que fort peu de temps et est une excellente précaution. Par là, on se rend compte de l'état de sa correspondance et l'on en suit les détails avec exactitude.

SUBSISTANT, TE.

Voyez *existant*.

SUCCESSION (LÉGITIME, TESTAMENTAIRE).

Une *succession légitime* est celle que l'on est appelé à recueillir par la loi à cause du dégré de parenté qui rattache à la personne décédée, et une *succession testamentaire* est celle qui échoit par une disposition testamentaire.

SUIT.

On dit correctement:

« Les parties ont arrêté leurs conventions de la manière *qui* suit : »

« Mr * a dicté son testament de la manière *qui* suit : »

« Il va être procédé à la continuation du présent inventaire de la manière *qui* suit : »

Ou bien :

« Les parties ont arrêté leurs conventions ainsi *qu'il* suit : »

« Mr * a dicté son testament ainsi *qu'il* suit : »

« Il va être procédé à la continuation du présent inventaire ainsi *qu'il* suit : »

Dans les trois premiers exemples, le mot *qui* précède *suit;* et, dans les trois derniers, c'est le mot *que* (dont la finale s'élide devant *il*).

Il en résulte évidemment que c'est commettre une singulière inadvertance que de terminer ces phrases, comme il arrive presque toujours, en écrivant :

« ... de la manière et ainsi *qu'il* suit : »

T.

Il est utile de conserver le *t* au pluriel des substantifs et des adjectifs qui se terminent en *ant* ou en *ent* :

« Un enfant, des *enfants;* un empêchement, des *empêchements* (1).

(1) Je ne parle pas de certains monosyllables à l'égard desquels l'usage a consacré la conservation du *t* : des *dents*, des *gants*, etc.

« Des objets *embarrassants;* des faits *pertinents.* »
C'est le moyen de prévenir toute équivoque.

TEL.

Dans un contrat portant vente d'une pièce de terre, des notaires, après avoir indiqué en ces termes l'objet de la vente :

« *Tant* d'ares situés... »

Ajoutent :

« *Telle* que la pièce se poursuit et se comporte... »

Il en est d'autres qui écrivent :

« *Tel* que la pièce se poursuit et se comporte... »

Ces deux orthographes sont également très-répréhensibles.

La seule exacte est *tels*, puisque c'est au *nombre* d'ares que ce mot s'applique, et non à la *pièce.* (1)

C'est comme s'il était vendu « *tant* d'ares de terre..., *tels* que la pièce se poursuit et se comporte. »

Lorsque *tel* est immédiatement suivi de *que,* comme dans l'exemple ci-dessus, il ne doit jamais s'accorder avec le substantif auquel l'unit cette conjonction, puis-

(1) Dans un cahier de charges, rédigé à Paris en vue d'une adjudication d'immeubles par lots, j'ai lu, après la longue énumération de ces immeubles, article par article :

Tel que le tout se poursuit et se comporte.

C'est encore la même faute.

que ce substantif n'est, en ce cas, qu'un terme de rapport ou de comparaison.

TENANT.

On dit : « Séance *tenante ;* les *tenants* (1) d'un héritage; une pièce de terre *tenant* à... »

TENDANT, TE.

Adjectif. — « Une action *tendante* à la revendication d'un héritage ; des changements *tendants* à altérer la valeur d'un immeuble; des poursuites *tendantes* à une expropriation. »

TERRAIN.

Il n'y a aucune raison de changer l'orthographe de ce mot, en y substituant « *terrein.* »

TERRE.

Voyez *domaine*.

TOMBANT.

Participe présent. — « Des murs *tombant* (2) de vé-

(1) Il est convenable d'indiquer les tenants d'un héritage dans l'ordre suivant : le *levant*, le *couchant*, le *midi* et le *nord*.

(2) Si je n'avais qu'à émettre mon sentiment personnel, j'avoue que je pré-

tusté ; des eaux *tombant* sur la propriété voisine. »

TÔT (plus).

« *Plus tôt* » a une signification très-différente de « *plutôt.* »

« Jusqu'à ce que le mineur Vidal ait atteint l'âge de dix-huit ans, ou jusqu'à son émancipation, si elle avait lieu *plus tôt.* »

« L'acquéreur pourra se libérer *plus tôt*, en prévenant son vendeur par écrit au moins un mois à l'avance.

TRAIT D'UNION.

Voyez *Union.*

TRANCHÉE (adjudication).

« Adjudication *tranchée,* » pour « adjudication *prononcée,* » est une expression qui n'est pas nouvelle et qui mérite d'être conservée.

UN.

Dites : « *Mme Buisson*, *un* des *vendeurs*, *un* des *do-*

férerais, dans ce cas particulier : « des murs *tombants* de vétusté. » Cette orthographe me paraît mieux peindre à l'esprit des murs se détériorant par une dégradation permanente et successive.

nataires, *un* des *enfants*, (1) *un* des *héritiers*, *un* des *créanciers*, etc., est *décédée* à... » toutes les fois que, parmi ces vendeurs, donataires, enfants, héritiers, créanciers, etc, il se trouve une ou plusieurs personnes du sexe masculin.

Cette manière de s'exprimer est fondée sur ce que « *une* des *vendeurs*, etc., » n'étant pas français, il faut laisser dominer le genre masculin. (2)

Une difficulté qui a de l'analogie avec celle-ci peut se présenter à l'égard d'un mot masculin au singulier et féminin au pluriel, tel que « *orgue.* »

Le génie de notre langue ne souffre pas que l'on puisse dire : « *un* des plus *belles* orgues. » C'est pourquoi l'on écrit, dans ce cas, en donnant aussi la préférence au genre masculin : « *un* des plus *beaux* orgues. »

UN, UNE, (au lieu de *le*, *la*).

Ce sont des expressions condamnables dans ces phrases :

« Mr * avait acquis ces biens moyennant *une* somme de *tant* de francs ; *un* prix de *tant* de francs. »

« Je donne et lègue à Mr * *une* somme de *tant* de francs. »

(1) Je rappelle, en passant, qu'*enfant* est masculin ou féminin selon le sexe auquel il s'applique : « Un joli enfant, une jolie enfant. »

(2) Il est à peine besoin d'ajouter que si, dans les exemples que je viens de citer, les personnes auxquelles se rapportent les qualités indiquées appartenaient toutes au sexe féminin, on écrirait : « Mme Buisson, *une* des *venderesses*, *une* des *donataires*, *une* des *enfants*, *une* des *héritières*, *une* des *créancières*, etc., par la même raison que l'on dit : « Mr Coulon a laissé pour ses seules *héritières*, chacune pour moitié, Mmes *Petit et Vernet*, *ses deux filles.* »

« Une inscription prise pour sûreté d'*une* somme de *tant* de francs. »

Il faut dire :

« ... *la* somme de *tant* de francs... ; *le* prix de *tant* de francs. »

N'écrit-on pas :

Dans une vente ; qu'elle est consentie moyennant « *la* somme de *tant* de francs ? »

Dans une obligation ; que l'emprunteur reconnaît devoir « *la* somme de *tant* de francs ? »

Dans un transport ; que le bénéficiaire de la créance cède « *la* somme de *tant* de francs ? »

Dans une quittance ; que le créancier reconnaît avoir reçu de son débiteur « *la* somme de *tant* de francs ? »

Il est facile de justifier cette proposition ; mais je ne l'entreprendrai pas : l'intelligence du lecteur y suppléera.

UNION (trait d'-).

Il y a lieu de faire usage du trait d'union lorsqu'il s'agit :

De prénoms : « *Pierre-Antoine* Briolet ; »

De deux noms de famille joints ensemble : « *Jacotot-Joupil ;* »

Du climat d'un héritage : « Les *longues-Raies*, les *Buissons-Ardents ;* »

De mots qui sont inséparables pour le sens : « *Rez-de-chaussée, basse-cour, c'est-à-dire, vis-à-vis, procès-*

verbal, *saisie-arrêt*, *saisie-exécution*, *folle-enchère*, *St-Martin* (1), *subrogé-tuteur*, *exécuteur-testamentaire*, *petit-fils*, *sud-est*, *ouvrier-maçon*, *m^{re}-charpentier*, *très-mûr*, *au-dessus*, etc; »

Et d'une date ou d'une somme: « Le *vingt-un* septembre *mil-huit cent-soixante-cinq; deux mille six cent-quarante-neuf* francs *cinquante-six* centimes. »

Dans ces deux derniers exemples, le trait d'union remplace la conjonction *et* (2).

UTRECK.

« Velours *d'Utreck.* »

VARIETUR (ne)-

« *Ne varietur.* » Mention mise sur une pièce annexée à un acte.

Cette mention, signée par les parties et les notaires, a pour but, ainsi que sa signification l'indique, d'empêcher la substitution d'une autre pièce à celle-là.

VINGT.

Vingt et *cent* s'écrivent au pluriel lorsqu'ils sont précédés d'un nom de nombre : « *quatre-vingts* chevaux ; *trois cents* francs. »

Cette règle cesse d'être applicable s'ils sont suivis de

(1) Dans cet exemple et tous autres semblables, les mots *saint*, *sainte*, s'écrivent en abrégé.

(2) Je n'ai pas eu, assurément, l'intention d'épuiser tous les cas où l'on doit faire usage du trait d'union.

quelque autre nom de nombre : *quatre-vingt-dix* chevaux ; *trois-cent-douze* francs. »

VISA.

Substantif masculin. — « Un ***visa***, des ***visas***. »

VUE (en).

Dites : « ***En vue*** du mariage projeté, » plutôt que « *dans la vue* du mariage projeté. »

6.

TABLE ALPHABÉTIQUE

FIN

Lagny. — Imp. Varigault.

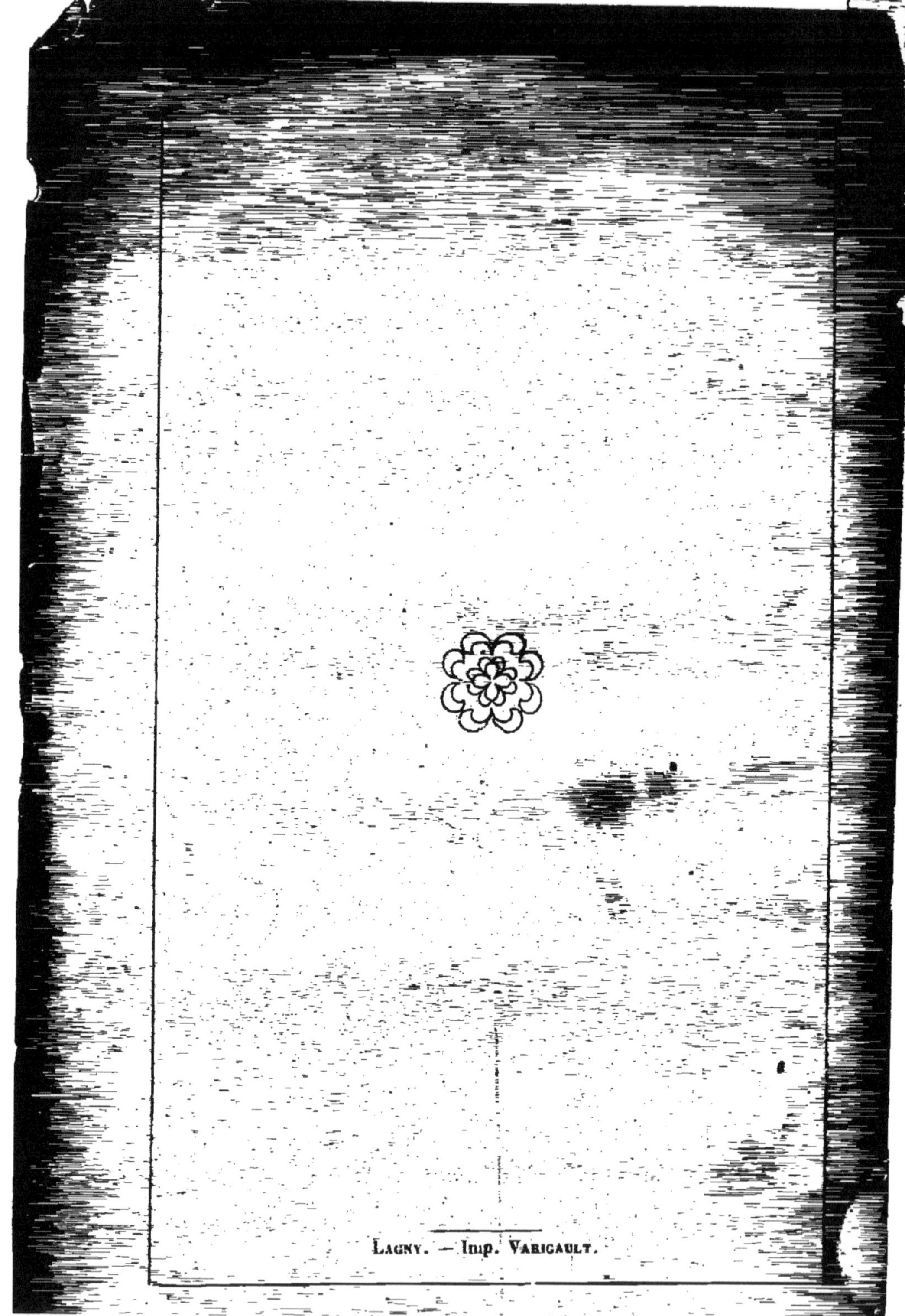

LAGNY. — Imp. VARIGAULT.

www.ingramcontent.com/pod-product-compliance
Ingram Content Group UK Ltd.
Pitfield, Milton Keynes, MK11 3LW, UK
UKHW021210220726
13924UKWH00003B/1436

9 782019 920838